GETTING AROUND TOWN IN RUSSIAN SITUATIONAL DIALOGS

by

Lora Paperno

Cornell University

English Translation and Photographs
by

Richard D. Sylvester

Colgate University

Slavica Publishers, Inc.

Slavica publishes a wide variety of textbooks and scholarly books on the languages, people, literatures, cultures, history, etc. of the USSR and Eastern Europe. For a complete catalog of books and journals from Slavica, with prices and ordering information, write to:

Slavica Publishers, Inc.
PO Box 14388
Columbus, Ohio 43214

ISBN: 0-89357-171-7

Printed in the United States of America.

CONTENTS

ABOUT THIS BOOK

In 1983 we were preparing a group of Colgate juniors and seniors to spend the summer at the Pushkin Institute in Moscow. The students had two or three years of Russian, but little contact with the kind of practical spoken Russian they would need to get around Moscow or any Soviet city. We looked at all the available Russian dialogs, but couldn't find anything we liked. The range of situations had to approximate typical needs, like how to buy fresh fruit at the market, or find a friend's apartment, or go to a movie. The style of the language had to be right: colloquial, natural, neither more nor less than what people actually say. And the dialogs had to fit the style of Soviet life, to be in keeping with its unique content. These dialogs, *Getting Around Town in Russian*, were created to fill that need.

This is not a book intended for beginners. It contains no grammar explanations, and no glossary. The translation tries to make clear what each line *means*, rather than *how* it is constructed. Thus we sidestep grammatical and syntactical questions. The dialogs have worked well with students in their fourth or fifth semester. They can also be useful to graduate students, exchange scholars, and anyone residing in the Soviet Union for a period of work or study. In the classroom, these dialogs have had just as much success with students who are *not* preparing to visit the Soviet Union. The reason, we think, is the cultural information they contain: they can serve as quite vivid eye-openers, showing how the system actually works for anyone living in it from day to day.

The dialogs fit conveniently into a course that has a conversation class once a week for a semester, and have been taught that way at Cornell for the past three years. The topics are arranged, but not too strictly, in sequence, on the theory that one needs to know how to use the telephone, for example, before venturing out to find a friend's apartment. But users of the book can choose and skip to suit individual needs, because each dialog is a discrete situation, a kind of snapshot, which can stand on its own. They're easily memorized, and should be, to be acted out with another person. Once performed, the situation can be developed--ask directions, take a taxi, and so on. The photographs provide a context and a starting point for new situations. They were taken expressly to go with these dialogs.

We are grateful to the Committee on Soviet Studies at Cornell University for a grant to help cover costs. We owe special thanks to Laura Wolfson and Slava Paperno for assistance in editing. Finally, it's been our reward and delight to see our students bring to these dialogs so much talent and zest for Russian, both in the classroom and on the streets of Moscow and Leningrad. We wish as much pleasure and profit to everyone who may use this book.

Lora Paperno, Cornell University
Richard Sylvester, Colgate University

ТЕЛЕФОН-АВТОМАТ

Правила пользования телефоном-автоматом.

> *Опустите две монеты по 1 коп. или одну монету 2 коп,*
> *снимите трубку, дождитесь гудка, наберите номер*
>
> *Если услышите короткие гудки, номер занят. Если*
> *гудки длинные — ждите ответа*
>
> *Без монеты звонить в скорую помощь, в милицию и в*
> *пожарную охрану*

1

(перед телефоном-автоматом)

— У вас не будет разменять десять копеек двухкопеечными монетами?
— Сейчас посмотрю. Вот, есть три монеты по две копейки и четыре по одной.
— Спасибо большое.
— Пожалуйста.

2

— Алло? [1]
— Попросите Сергея, пожалуйста.
— Говорите громче, ничего не слышно.
— Сергея, пожалуйста.
— Здесь таких нет. Вы ошиблись номером.

---

[1] This word is used like its English counterpart when the phone rings and you pick up the receiver. (There are several other ways of answering the phone too, as Dialogs 3, 4, 5, and 6 show.) It's always used when you're making a call, to convey the message "I'm here - can anyone at the other end hear me?". You can pronounce the "л" in this word either palatalized (soft) or plain (hard). The soft pronunciation is traditional and is more common in Moscow and Leningrad, though the hard "л" can be heard too.

PUBLIC TELEPHONE

Instructions for Using Coin-Operated Telephone:

Deposit two 1-kopeck coins or one 2-kopeck coin, lift receiver, wait for dial tone, dial number.

If you hear short beeps, the number is busy. If the beeps are long, wait for someone to answer.

No coin needed to call for first aid, police, or fire department.

1

(in front of a phone booth)

— Could you give me change for 10 kopecks in two-kopeck pieces?
— I'll see what I have. Here are three 2-kopeck coins and four ones.
— Thanks a lot.
— You're welcome.

2

— Hello?
— Sergei, please.[1]
— Speak louder, I can't hear you.
— Sergei, please.
— There's no one here by that name. You've got the wrong number.

---

[1] Literally, Ask Sergei [to come to the phone] please.

3

— Я вас слу́шаю.
— Э́то Ка́тя?
— Не́т э́то не Ка́тя.
— А мо́жно Ка́тю?
— А како́й но́мер вы набира́ете?
— Три́ста пятьдеся́т пя́ть, со́рок во́семь, но́ль де́вять.
— А э́то три́ста пятьдеся́т пя́ть, со́рок во́семь, но́ль во́семь.

4

— Слу́шаю.
— Здра́вствуйте, э́то говори́т Пи́тер. Я — америка́нский
   студе́нт. Мне́ ну́жно[1] То́лю и́ли Ве́ру.
— Сейча́с позову́.
— Спаси́бо.

5

— У телефо́на.
— Прости́те, мо́жно Я́шу Соколо́ва?
— Я́ши не́т до́ма.
— А когда́ о́н бу́дет?
— Часа́ че́рез два́. Что́-нибудь переда́ть?
— Не́т, спаси́бо, я позвоню́ по́зже.

---

[1] This ну́жно form is, if not rude, at least abrupt, carrying that air of urgency which phone calls easily take on in the Soviet Union, where the equipment doesn't work well. The usual polite form is мо́жно as in dialogs 3, 5, 6, and others.

3

— Hello.
— Is this Katya?
— No, this isn't Katya.
— Can I speak to Katya?
— What number are you dialing?
— 355-48-09.
— But this is 355-48-08.

4

— Hello.
— Hello, this is Peter speaking. I'm an American student. I'm trying to reach Tolya or Vera.
— Hold on, I'll get them[1].
— Thanks.

5

— Speaking.[2]
— Excuse me, could you ask Yasha Sokolov to come to the phone?
— Yasha's not home.
— When will he be there?
— In a couple of hours. Is there a message?
— No thanks, I'll call later.

---

[1] Literally, "I'll call/get/ask [them] to the phone right now." The very common and handy little word сейчас accomplishes what is meant in English when we say "hold on " "just a minute", "I'll be right back". Notice how the object of the verb позову— "them, one of them, or both of them"— can be left out in Russian, an ellipsis which is not possible in English.

[2] Russians don't usually answer the phone by saying "Max speaking" or "This is Tatyana Mikhailovna, may I help you". In other words, they usually don't identify themselves when picking up the receiver. У телефона is the closest thing to this. It's used when you expect the caller is trying to reach you personally.

6

— Вас слу́шают.[1]
— Мо́жно Григо́рия Плато́новича?
— Он сейча́с в институ́те. А кто́ его́ спра́шивает?
— Это его́ студе́нт.
— Позвони́те ему́ на рабо́ту, телефо́н две́сти се́мьдесят се́мь,
    три́дцать пять, шестьдеся́т шесть.
— Извини́те, кака́я после́дняя ци́фра? Я не рассль́шал.
— Шесть. Шестьдеся́т шесть.

7

— Попроси́те, пожа́луйста, На́дю Ермола́еву.
— Я у телефо́на.
— На́дя, здра́вствуйте, это То́м.
— О, То́м, хорошо́, что позвони́ли.

8

— Мо́жно Татья́ну Петро́вну?
— Каку́ю Татья́ну Петро́вну?
— Васи́льеву.
— Здесь таки́х нет. Вы ошибли́сь но́мером.

9

— Мне ну́жен Ви́ктор.
— Он ещё спит. Если ва́жно, я его́ разбужу́.
— Нет не на́до, я по́зже позвоню́.

10

— Позови́те, пожа́луйста, к телефо́ну И́горя.
— Кого́?
— И́горя.
— Кого́, кого́?
— И́горя.
— Ничего́ не слы́шу, перезвони́те, пожа́луйста.
— Нет, нет, не кладите тру́бку у меня́ бо́льше моне́т не́ту.
— Ничего́ не слы́шу. Позвони́те ещё раз.

---

[1] This is official and, if not cold, then at least completely impersonal.

6

— Hello.
— May I speak to Grigory Platonovich please?
— He's at the Institute. Who's calling? [1]
— It's his student.
— Call him at his office. The number is two hundred seventy-seven, thirty-five,
     sixty-six.
— Excuse me, what was the last number? I didn't catch it.
— Six. Sixty-six.

7

— Could I speak to Nadya Ermolaeva, please.
— Speaking.
— Nadya, hello, it's Tom.
— Oh, Tom, I'm glad you called.

8

— Tatyana Petrovna, please.
— Tatyana Petrovna who?
— Vasilieva.
— There's no one here by that name. You have the wrong number.

9

— I have to speak to Victor.
— He's still asleep. If it's important, I'll wake him.
— No, don't wake him up, I'll call later.

10

— Could you please ask Igor to come to the phone.
— Who?
— Igor.
— Who??
— IGOR!
— I can't hear a thing,— call back, please.
— No, wait, don't hang up, I don't have any more coins.
— I can't hear a thing. Telephone again.

---

[1] This is the closest thing to the common American formula "May I ask who's
calling?" Notice that the student doesn't give his name and launch into a long
explanation. Minimal information is the rule on the telephone between
strangers.

11

— Мóжно Лéну к телефóну?
— Вáм какýю? У нáс двé Лéны.
— Лéну Корéлину.
— А, Лéночку! Сейчáс позовý.

12

— Простúте, э́то Натáлья Ивáновна?
— Чтó, чтó?
— Э́то Натáлья Ивáновна?
— Я вáс не слы́шу, в трýбке чтó-то трещúт, перезвонúте из другóго автомáта.

13

— Позовúте, пожáлуйста, Валéрия.
— Позвонúте попóзже, óн ещё не пришёл. Нéт, нéт не кладúте трýбку, кáжется óн ужé пришёл.

14

— Бýдьте добры́, позовúте Гáлю.
— Здéсь такúх нéт. Кудá вы́ звонúте?
— Э́то квартúра Королёвых?
— Нéт, э́то поликлúника, а не чáстная квартúра. Вы́ не тóт нóмер набрáли.

15

— Э́то спрáвочное?
— Нéт, э́то милúция. В спрáвочное бюрó звонúте ноль ноль дéвять. Если онú ещё не закры́лись.
— Закры́лись? А скóлько сейчáс врéмени?
— Чтобы узнáть врéмя, наберúте ноль ноль вóсемь.

11

— Could you get Lena please?
— Lena who? There are two Lenas here.
— Lena Korelina.
— Oh, Lenochka! Just a second, I'll get her.

12

— Excuse me, is this Natalia Ivanovna?
— What?
— Is this Natalia Ivanovna?
— I can't hear you, there's static on the line, call back from a different booth.

13

— May I speak to Valeriy please?
— Call back a little later, he hasn't arrived yet. No, no, don't hang up, I think he's here after all.

14

— Could I speak to Galya please?
— There's no one here by that name. Where are you trying to call?
— Is this the Korolyovs' apartment?
— No, this is a clinic, not a private apartment. You've dialed the wrong number.

15

— Is this information?
— No, this is the police. For information call zero zero nine. If they haven't closed yet.
— Closed? What time is it?
— To get the time, dial zero zero eight.

РАЗГОВО́Р ПО ТЕЛЕФО́НУ

1

— Серёжа, здра́вствуй, э́то Джон.
— А́, Джон, приве́т, ка́к дела́?
— Хорошо́, а у тебя́?
— Спаси́бо, ничего́. Приходи́ сего́дня ве́чером о́коло шести́.

2

— Приве́т Ма́рта, ра́д тебя́ слы́шать. Что́ де́лаешь?
— Мно́го занима́юсь. Хоте́ла бы прийти́ к ва́м в го́сти.
— Замеча́тельно. Сего́дня мы́ за́няты, а за́втра ве́чером тебе́
   удо́бно?
— Да́, часо́в в ше́сть бы́ло бы лу́чше всего́.

3

— Алло́, что́ случи́лось?
— На́с разъедини́ли, и мне́ пришло́сь иска́ть друго́й автома́т.
   Да ещё ту́т была́ о́чередь.
— Слу́шай, дава́й я за́втра встре́чу тебя́ о́коло общежи́тия, и
   мы́ пое́дем ко мне́.
— Договори́лись, бу́ду тебя́ жда́ть.

4

— Э́то Ди́к? Я́ тебя́ не узна́л. Что́ но́вого?
— Ходи́ли на экску́рсию в Мавзоле́й.
— Ну что́, понра́вилось?
— О́чень. А у тебя́ что́ но́вого?
— Да я́ всё рабо́таю.

5

— Ната́ша, э́то ты́?
— Да́, я́. Э́то Ди́к?
— Да́, здра́вствуй. Я́ хоте́л бы с тобо́й встре́титься за́втра,
   мо́жешь?
— Зна́ешь, за́втра ника́к не могу́. Позвони́ мне́ послеза́втра,
   сра́зу по́сле заня́тий.

TELEPHONE CONVERSATION

1

— Seryozha, Hi, this is John.
— Hey, John, greetings, how are things?
— Fine, how about you?
— Not bad, thanks. Come over tonight around six.

2

— Hello, Martha, I'm glad to hear you. What are you up to?
— I'm studying a lot. I'd like to come by and visit you.
— Terrific. Today we're tied up, but is tomorrow night a good time?
— Yes, around six would be best.

3

— Hello, what happened?
— We were cut off, and I had to find another pay phone. Plus there was a line here.
— Listen, why don't I meet you tomorrow by the dorm, and we'll go to my place.
— It's a deal, I'll be waiting for you.

4

— Is this Dick? I didn't recognize you. What's new?
— We had an excursion to Lenin's Tomb.
— Well, so did you like it?
— A lot. And what's new with you?
— I'm just working.

5

— Natasha, is that you?
— Yes, it's me. Is this Dick?
— Yes, hi. I'd like to get together with you tomorrow if possible.
— You know, I really can't. Call me day after tomorrow, right after classes.

6

— Что́ та́к до́лго не звони́л?
— Извини́, о́чень мно́го заня́тий. И у́тром и ве́чером.
— Бедня́га, о́чень тру́дно?
— Да́, и тру́дно, и ску́чно.

7

— Пе́тя? Здра́вствуй, э́то Джо́н. Ка́к живёшь?
— Потихо́ньку. Слу́шай, приходи́ к на́м обе́дать в пя́тницу.
— Повтори́ ещё раз, пожа́луйста, я не совсе́м по́нял, что ты́
  сказа́л.
— Я́ сказа́л: приходи́ к обе́ду в пя́тницу.

8

— Ника́к не мо́г дозвони́ться до ва́с, всё вре́мя за́нято.
— Э́то у на́с телефо́н барахли́т. А ты́ отку́да звони́шь?
— Из общежи́тия. Ты́ сего́дня ве́чером бу́дешь до́ма?
— Сего́дня мы́ с Ка́тей собира́лись сходи́ть в кино́. Хо́чешь,
  пойдём с на́ми.

9

— Дже́нис, ты могла́ бы прие́хать пря́мо сейча́с?
— Сейча́с не могу́, у меня́ заня́тия. Я звоню́ из институ́та.
— То́-то я тебя́ пло́хо слы́шу, у ва́с та́м тако́й шу́м. А когда́
  мо́жешь?
— Через два́ часа́ я бу́ду свобо́дна.

10

— Скажи́, Вале́рий, а ка́к до тебя́ дое́хать, я уже́ забы́л.
— А ты́ отку́да пое́дешь?
— Из це́нтра.
— Ся́дешь на метро́, дое́дешь до Речно́го вокза́ла и та́м ся́дешь
  на   любо́й тролле́йбус.

6

— You haven't called in ages, how come?
— I'm sorry, I've had a lot to do. Day and night.
— Poor guy, sounds like things are rough.
— Yeah, rough, and really tedious.

7

— Pete? Hi, this is John. What are you up to?
— Nothing much. Listen, come over and have dinner with us on Friday.
— Could you say that again, please, I didn't quite catch what you said.
— I said: come to dinner on Friday.

8

— I couldn't get through to you, the phone was busy all the time.
— Our telephone is on the blink. Where are you calling from?
— From the dorm. Are you going to be home tonight?
— Katya and I were planning to go to the movies tonight. Come with us if
  you feel like it..

9

— Janice, could you come over right away?
— I can't come right away, I have classes. I'm calling from the Institute.
— That's why I can barely hear you, there's a noise at your end. So when can
  you come?
— In two hours I'll be free.

10

— Tell me how to get to your place, Valeriy, I've already forgotten.
— From where?
— From The center.
— Take the Metro to River Station, and there take any trolleybus.

11

— Алиса, привет, мне сейчас очень некогда разговаривать.
  Можешь завтра позвонить?
— Да, конечно, во сколько?
— В любое время. Ну пока, до завтра.
— Пока.

12

— Придёшь в субботу, как договорились?
— С удовольствием. А можно привести с собой подругу?
— Конечно приводи. Можешь привести даже двух подруг.
— Спасибо. Мы придём в семь.

11

— Alice, hi, right now I really don't have time to talk. Can you call tomorrow?
— Yeah, sure, what time?
— Any time. So long, till tomorrow.
— So long.

12

— Are you coming Saturday, as we planned?
— I wouldn't miss it. Can I bring my girlfriend with me?
— Of course bring her. You can even bring two girlfriends.
— Thanks. We'll be there at seven.

ТРА́НСПОРТ

Авто́бус   Тролле́йбус   Трамва́й   Метро́
5 копе́ек

Такси́ — По счётчику
Маршру́тное такси́ — 15 копе́ек

За беспла́тный прое́зд в авто́бусе штра́ф 5 рубле́й

6 мест для пассажи́ров с детьми́ и инвали́дов

Опусти́те де́ньги в ка́ссу и оторви́те биле́т

Прово́з багажа́ — 10 копе́ек

За каби́ну води́теля не заходи́ть

Вы́ход то́лько через пере́днюю дверь

Води́тель продаёт тало́ны[1] то́лько на остано́вке

К дверя́м не прислоня́ться

---

[1] Тало́ны are little books of tickets sold at kiosks or by the driver. They're used on surface mass transit, but not on the subway, and not in taxis. These chits are one way around having to carry exact change and look for five kopecks every time you get on a bus. Sometimes you can drop them into the cashbox and tear off a ticket, but at other times you punch them with a little punch attached to the inside wall of the bus or tram, and that becomes your ticket.

TRANSPORTATION

Bus   Trolleybus   Streetcar   Metro

5 kopecks

Taxi — Fare by Meter

Fixed-route Taxi Van — 15 kopecks

Five-ruble fine for riding bus without paying fare

6 seats reserved for passengers with children and disabled

Drop money into cashbox and tear off ticket

Baggage charge - 10 kopecks

Keep out of driver's compartment

Exit only through front door

Driver sells chits only at scheduled stops

Don't lean against the doors

(1)

— Вы́ не ска́жете, когда́ бу́дет у́лица Го́рького?
— Через две́ остано́вки, на тре́тьей выходи́те.
— Спаси́бо. Мне́ нужна́ гости́ница «Росси́я».
— Тогда́ лу́чше выходи́те на четвёртой. Э́то бу́дет бли́же.

2

— Переда́йте, пожа́луйста, де́ньги за два́ биле́та.
— Дава́йте. Ту́т без сда́чи?
— Да́, гри́венник.
. . . . .
— Кто́ проси́л два́ биле́та?
— Спаси́бо, э́то я проси́л.

1

— Could you tell me how far it is to Gorky Street?
— After two more stops, get out at the third.
— Thanks. I'm going to the Hotel "Rossiya".
— Then you're better off getting out at the fourth stop.   It'll be closer.

2

— Please pass this money down for two tickets.[1]
— Sure.   Is this the exact change?
— Yes, it's ten kopecks.
. . . . .
— Who asked for two tickets?
— Thank you, I did.

---

[1] When it's crowded and you can't reach the cashbox to buy your ticket yourself, you have to depend on your fellow passengers to pass your money down and pass your ticket back to you. If you're standing by the cashbox, you'll be kept busy buying tickets for everyone on the bus (except those smart passengers who bought a monthly pass — еди́ный биле́т, проездно́й биле́т, or, mostly in Leningrad, прое́здна́я ка́рточка).

3

— Бу́дьте добры́, оторви́те мне́ два́ биле́та.
— У ва́с ту́т пятна́дцать копе́ек.
— Нева́жно. У меня́ не́т ме́ди.[1]

. . . . .

— Вы́ проси́ли два́ биле́та? Во́т ва́м ещё пятачо́к сда́чи.

4

— Не броса́йте, пожа́луйста, пять копе́ек.
— У меня́ тало́н.
— Я возьму́ тало́н, спаси́бо.

5

— Переда́йте, пожа́луйста, два́дцать копе́ек на четы́ре биле́та.
— И мне́ ещё два́ биле́та. Во́т талоны́ у меня́.
— Не могу́. У меня́ ру́ки за́няты. Попроси́те кого́-нибудь другого.
— Дава́йте я переда́м.

6

(обраща́ясь к шофёру)

— Това́рищ води́тель, да́йте, пожа́луйста, тало́нов на два́ рубля́.
— То́лько без сда́чи.
— У меня́ то́лько пять рубле́й.
— Разменя́йте у пассажи́ров.

7

— Скажи́те, пожа́луйста, когда́ бу́дет пло́щадь Пу́шкина?
— Вы́ се́ли не в ту́ сто́рону.
— Что́ же мне́ де́лать?
— Вы́йдите на сле́дующей остано́вке и переся́дьте обра́тно.

---

[1] Ме́дь (copper or brass coins) are 1, 2, 3 and 5-kopeck pieces. Coins of 10, 15, and 20 kopecks are silver in color and are referred to as серебро́ (silver).

3

— Would you mind tearing off two tickets for me please?
— You have 15 kopecks here.
— That's all right. I don't have any smaller coins.

. . . . .
— Did you ask for two tickets? There's five kopecks change for you here too.

4

— Wait, let me have your five kopecks in change, please.
— I have a chit.
— I'll take the chit, thanks.

5

— Please pass 20 kopecks down for 4 tickets.
— And two more tickets for me. Here are my chits.
— I can't. My hands are full. Ask someone else.
— Let me do it.

6

(addressing the driver)

— Driver, give me two rubles' worth of chits, please.
— Exact change only.
— I only have 5 rubles.
— Get change from the other passengers.

7

— Could you tell me, please, when we get to Pushkin Square?
— You're going the wrong way.
— So what should I do?
— Get out at the next stop and transfer to the other direction.

про- = certain or distance or time

8

— Скажи́те, кака́я э́то остано́вка, ещё далеко́ до университе́та?
— Э́то Садо́вая, а до университе́та ва́м на́до е́хать до кольца́.
— А до́лго?
— Да мину́т два́дцать отсю́да.

9

— Вы́ выхо́дите на сле́дующей остано́вке?
— Не́т.
— Пропусти́те пожа́луйста.
— Что́ вы мне́ на́ ногу наступи́ли? Не мо́жете поосторо́жнее?

10

— Молодо́й челове́к, не толка́йтесь!
— Я́ не толка́юсь. Я́ выхожу́ на сле́дующей.
— Я́ то́же выхожу́.
— Извини́те.

11

— Вы́ не ска́жете, я на э́том авто́бусе дое́ду до Садо́вой?
— А како́й до́м ва́м ну́жен? Садо́вая больша́я.
— Мне́ ну́жен до́м сто́ со́рок четы́ре.
— Не́т, э́тот авто́бус ва́с не довезёт, вы́йдите через одну́ и
    пройди́те ещё кварта́ла два́ пешко́м.

12

— Предъяви́те биле́т, граждани́н.
— Во́т, пожа́луйста.
— Э́то не то́т, поищи́те друго́й.
— Мо́жет быть э́тот?
— Э́тот годи́тся.

13

— Де́вушка, уступи́те ме́сто же́нщине с ребёнком.
— Извини́те, я не ви́дела.
— Убери́те ва́шу су́мку с сиде́нья.
— Э́то не моя́ су́мка.

8

— Can you tell me what stop this is, and is it much farther to the University?
— This is Sadovaya, and to get to the University you have to ride to the ring.
— Does it take a long time?
— It's about 20 minutes from here.

9

— Are you getting out at the next stop?
— No.
— Let me through, please.
— Don't step on my foot. Can't you be more careful?

10

— Young man, don't push!
— I'm not pushing. I'm getting out at the next stop.
— So am I.
— I'm sorry.

11

— Could you tell me if this bus will take me to Sadovaya?
— What house are you going to? Sadovaya is a long street.
— I'm going to 144.
— No, this bus won't take you there. Get out at the stop after next and go
   about two more blocks on foot.

12

— Show your ticket.
— Here you are.
— That's the wrong one, look for another.
— Maybe this is it?
— This one's okay.

13

— Young woman, give your seat to this woman with a baby.
— Excuse me, I didn't see her.
— Take your shopping bag off the seat.
— It's not mine.

Вы можете услышать:

— Автобус идёт в парк.

— Трамвай идёт только до площади Революции.

— Следующая остановка — улица Горького.

— Сойдите с задней подножки, а то не поеду.

— Осторожно, двери закрываются, следующая остановка — площадь Пушкина.

— Отойдите от дверей, не мешайте движению поезда.

— Троллейбус идёт по третьему маршруту.

— Поезд дальше не пойдёт, просьба освободить вагоны.

You might hear announced:

— This bus is going to the [bus] park

— This streetcar goes only as far as Revolution Square

— Next stop — Gorky Street

— We're staying right here until you get off the rear step

— Careful, the doors are closing. The next stop is Pushkin Square.

— Step back from the doors, do not block the movement of the train

— This trolleybus is taking route 3

— Last stop on this train, please clear the cars

КÁК ПРОЙТИ́
КÁК ПРОÉХАТЬ
КÁК ПОПÁСТЬ

1

— Скажи́те, пожа́луйста, кáк пройти́ к Большóму теáтру?
— Э́то недалекó. Сейчáс поверни́те налéво и дáльше всё врéмя прямо, уви́дите.
— А доéхать мóжно? Я́ опáздываю.
— Покá ждёте автóбус, быстрéе пешкóм дойти́.

2

— Вы́ не скáжете, кáк дойти́ до ГУ́Ма?
— Пешкóм — э́то далекó бýдет. Сади́тесь на оди́ннадцатый троллéйбус и́ли на шестóй автóбус.
— А кáк лýчше?
— Пожáлуй, лýчше на троллéйбус, óн бли́же подхóдит.

3

— Вы́ не скáжете, кáк доéхать до плóщади Пýшкина?
— Сади́тесь на двáдцать шестóй автóбус, доéдете до проспéкта Гóрького, а тáм совсéм ря́дом.
— Спаси́бо, а гдé останóвка двáдцать шестóго?
— Вóт тáм, немнóго подáльше.

4

— Кáк добрáться до пáрка Побéды?
— Лýчше всегó на метрó.
— А на какóй стáнции сади́ться?
— Сади́тесь на любóй, переся́дьте на Кольцевýю ли́нию, а потóм спроси́те гдé выходи́ть.

5

— Извини́те, кáк проéхать к гости́нице «Росси́я»?
— Мóжно на троллéйбусе, но э́то дóлго бýдет. Лýчше на метрó.
— Извини́те, вы́ мнé не покáжете, кáк éхать? У меня́ éсть плáн метрó.
— Ся́дете вóт здéсь, потóм переся́дете вóт сюдá, а дáльше без переся́дки.

HOW DO YOU WALK/RIDE/GET THERE FROM HERE

1

— Could you tell me, please, how to get to the Bolshoi Theatre?
— It isn't far from here. Take the first left and keep on going straight, you can't miss it.
— Can you ride there? I'm going to be late.
— By the time a bus comes, you'll be there.

2

— Could you tell me how to get to GUM?
— It's a long walk from here. Take number 11 trolleybus or number 6 bus.
— Which way is better?
— It's probably better to take the trolleybus, it goes closer.

3

— Could you please tell me how to get to Pushkin Square?
— Take number 26 bus, and when you get to Gorky Prospect, it's very near there.
— Thanks. Where's the number 26 bus stop?
— Up there, a little further on.

4

— How do you get to Victory Park?
— Subway's the best way.
— Which station do I get the train at?
— Take a train from any station, transfer to the Ring line, and then you ask where to get off.

5

— Excuse me, how do I get to the Hotel "Rossiya"?
— You can go by trolleybus, but it'll be a long ride. By Metro's better.
— Excuse me, could you show me how to go? I have a metro map.
— Here's where you take the train, then you change in this direction, and keep going.

6

— Скажи́те, ка́к мне́ дое́хать до Филармо́нии?
— Я нзде́шний, спроси́те милиционе́ра.
— Прости́те, я не по́нял, что́ вы́ сказа́ли?
— Вы́ что́, по-ру́сски не понима́ете? Спроси́те у милиционе́ра.

7

— Това́рищ милиционе́р, ка́к мне́ попа́сть в Филармо́нию?
— Мо́жете се́сть на сто́ пе́рвый авто́бус и дое́хать до конца́, пото́м переся́дете ... не по́мню то́чно но́мер, на трамва́й, та́м спроси́те у кого́-нибудь.
— А на метро́ мо́жно?
— Мо́жно, но та́м сто́лько переса́док, что вы́ заблу́дитесь.

8

— Не ска́жете, Пу́шкинская далеко́ отсю́да?
— Не́т, не о́чень. Пройди́те три́ кварта́ла, поверни́те за́ угол, та́м и начина́ется Пу́шкинская.
— А ско́лько приме́рно идти́?
— Да мину́т де́сять, не бо́льше.

9

— Вы́ не ска́жете, пя́тый трамва́й идёт к Изма́йловскому па́рку?
— Не́т, пя́тый не идёт. Лу́чше сади́тесь на деся́тый авто́бус, о́н ва́с довезёт.
— А э́то далеко́ отсю́да?
— Да остано́вок во́семь, наве́рно.

10

— Ка́к мне́ попа́сть к кинотеа́тру «Колизе́й»?
— А во́т повернёте за́ угол и уви́дите.
— Прости́те, я не по́нял, куда́ поверну́ть?
— Да зде́сь «Колизе́й», за угло́м.

6

— Can you tell me how to get to the Philarmonic?
— I'm not from here, ask a policeman.
— Excuse me, I didn't catch what you said.
— What's wrong with you, don't you understand Russian? Ask a policeman.

7

— Officer, how do I get to the Philarmonic?
— You can take the 101 Bus to the end of the line, and then transfer . . .
   I don't remember the exact number, to a streetcar, ask anyone there.
— Can you get there on the subway?
— You can, but there are so many transfers you'll get lost.

8

— Could you tell me if Pushkinskaya Street is far from here?
— No, not very. Walk three blocks and turn the corner, Pushkinskaya starts
   right there.
— Roughly how long does it take to get there?
— About ten minutes, no more.

9

— Could you tell me whether the number 5 streetcar goes to Izmailovsky
   Park?
— No, the five doesn't go there. You're better off getting on the number 10
   bus, it'll take you all the way there.
— Is it a long ride from here?
— It must be about eight stops or so.

10

— How do I get to the "Coliseum" cinema?
— You turn this corner here and you'll see it.
— Excuse me, I didn't understand ,— turn which way?
— The "Coliseum" is right here, around the corner.

11

— Не скажете, я тут пройду к Третьяковской галерее?
— Извините, я иностранец, я и сам ищу Третьяковскую
   галерею.
— Давайте спросим у этого прохожего... простите, товарищ,
   вы не скажете, как пройти к Третьяковской галерее?
— Да тут всё в Третьяковку идут. Видите, экскурсия. Вот и
   идите за ними.

12

— Скажите, пожалуйста, как попасть на Красную площадь?
— Отсюда на любом автобусе или троллейбусе.
— Можно садиться прямо на этой остановке?
— Нет, перейдите на другую сторону и там сядете.

13

— Такси свободно?
— Садитесь. Куда ехать?
— Проспект Калинина, дом сто четыре.
   . . . . .
— Сколько с меня?
— Видите на счётчике? Четыре восемьдесят пять.

11

— Could you tell me if this is the way to the Tretyakov Gallery?
— I'm sorry, I'm a foreigner, I'm looking for the Tretyakov myself.
— Let's ask this person walking by. Excuse me comrade, could you tell me how
     to get to the Tretyakov Gallery?
— Everyone here is walking to the Tretyakov. See, there's a tour group.
     Follow them.

12

— Tell me please how to get to Red Square?
— On any bus or streetcar from here.
— Can I get on at this stop right here?
— No, cross to the other side and get on over there.

13

— Is this taxi available?
— Get in. Where to?
— Kalinin Prospect, number 104.
     . . . . .
— How much do I owe?
— Do you see it on the meter? Four eighty-five.

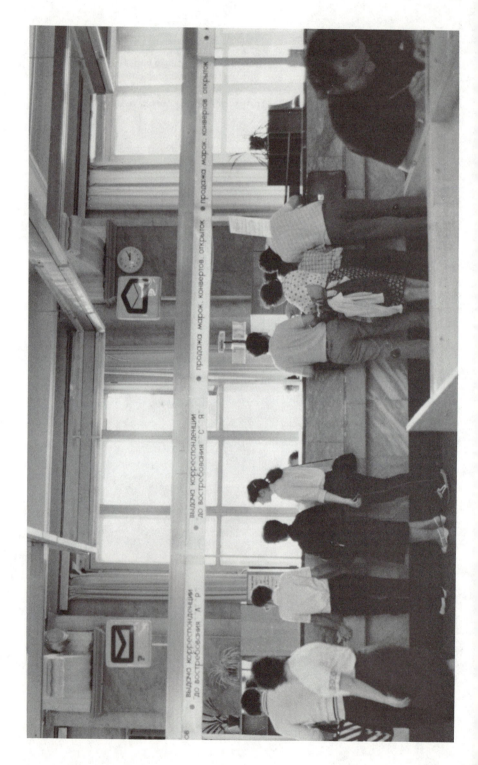

ПÓЧТА   ТЕЛЕГРÁФ

ЦЕНТРÁЛЬНЫЙ ТЕЛЕГРÁФ
ГЛАВПОЧТÁМТ

Приём международных телеграмм

Корреспонденция до востребования

Приём бандеролей

Продажа марок, открыток, конвертов

1

— В Амéрику письмó послáть, скóлько стóит?
— Пятьдесят копéек.
— А открытку?
— Двáдцать вóсемь копéек.

2

— Дáйте, пожáлуйста, три конвéрта áвиа, три мáрки по
   тридцать копéек и три мáрки по дéсять копéек.
— Вáм какие мáрки, художественные?
— Всё равнó.

3

— Это для телеграммы блáнк?
— Дá, заполните и подáйте в окóшко нóмер двá.
— А кáк заполнять? По-рýсски?
— Éсли вáм за границу, то пишите латинскими бýквами.

4

— Вы заполнили не тóт блáнк.
— А какóй нýжно?
— Вáм нýжен блáнк для международных телегрáмм, возьмите
   другóй, вóн тáм на столé.
— Спасибо, я сейчáс перепишý.

POST OFFICE   LOCAL TELEGRAPH OFFICE
                    CENTRAL TELEGRAPH OFFICE
                      MAIN POST OFFICE

Outgoing international telegrams.

General Delivery.

Outgoing small parcels.

Stamps, post cards, envelopes sold here.

1

— How much does it cost to send a letter to America?
— 50 kopecks.
— And a postcard?
— 28 kopecks.

2

— Give me three airmail envelopes, please, three 30-kopeck stamps and three
   10-kopeck stamps.
— What kind of stamps do you want, commemoratives?
— It doesn't matter.

3

— Is this the form for a telegram?
— Yes, fill it out and turn it in to window number 2.
— How is it filled out? In Russian?
— If you're sending it abroad, then write in Latin letters.

4

— You filled out the wrong form.
— Which form do I need?
— You need the form for international telegrams, take another one, over there
   on the table.
— Thank you, I'll copy it over right now.

...род у вас на телеграмме, что-то я не разберу.
...амильтон, штат Нью-Йорк.
...трите, город пишется здесь, а штат — на этой
...е.
...нал, извините.

6

— Мне, пожалуйста, три открытки.
— Какие?
— Две вот эти, с видами Москвы и одну вот такую, с
  Лениным.
— У меня нет сдачи, возьмите три с Лениным.

7

— Мне надо послать телеграмму.
— В третье окно.
— Дайте, пожалуйста, бланк.
— Все бланки лежат на столе.

8

— У вас можно купить конверты для авиапочты?
— Можно, сколько вам?
— Три конверта авиа и три простых без марок.
— Поищите без сдачи, тридцать копеек.

9

— Можно отправить бандероль?
— Простая или заказная?
— Заказная.
— Напишите здесь в середине адрес, куда посылаете, а здесь,
  внизу — обратный.

10

— У вас есть открытки с видами московского университета?
— Все открытки перед вами. Если здесь нет, значит нет.
— А бандероли вы принимаете?
— В другое окно.

5

— What is your city on this telegram, I can't quite make it out.
— City of Hamilton, State of New York.
— Look here, the city is written here, and the state goes on this line.
— I didn't know, I'm sorry.

6

— I'll have three postcards, please.
— What kind?
— Two of these here, with views of Moscow, and one of that kind there, with Lenin.
— I can't give you change, take three Lenins.

7

— I have to send a telegram.
— Window No. 3.
— Give me a form, please.
— The forms are all on the table.

8

— Do you sell airmail envelopes?
— Yes, how many do you want?
— Three airmails and three plain with no stamps.
— Look around and choose something else so I don't have to make change, 30 kopecks.

9

— Can I send this parcel?
— Ordinary rate or registered?
— Registered.
— Write the address you're sending it to here, in the center, and put the return address here, below it.

10

— Do you have any postcards of Moscow University?
— All the postcards are in front of you. If it isn't here, then we don't have it.
— Do you take small parcels?
— That's another window.

11

— Ваша бандероль слишком тяжёлая. Можно посылать только
    до двух килограмм, выньте что-нибудь.
— А теперь?
— Теперь слишком лёгкая, можно что-нибудь добавить.

12

— Вы не скажете, как можно заказать разговор с Америкой?
— Идите в самый конец зала, там все переговорные пункты.
    . . . . .
— Можно заказать разговор с Америкой?
— Можно только на понедельник, на десять утра.

13

— Мне надо позвонить в другой город, как это делается?
— Возьмите бланк, напишите город, номер телефона, кого
    позвать и время.
— А какое писать время?
— Пишите какое сейчас, попробуем сразу вызвать.

14

— Где есть автомат, чтобы позвонить в другой город?
— Поезжайте на проспект Калинина, там их много.
— А как ими пользоваться?
— Там вам расскажут.

11

— Your parcel is too heavy. You're allowed to send up to two kilograms. Take
   something out.
— How is it now?
— Now it's way under, you can add something.

12

— Could you tell me how to place a call to America?
— Go all the way to the back of the room, the long-distance booths are all
   there.
   . . . . .
— Can I order a call to America?
— Only for Monday, at 10 a.m.

13

— I have to make a call to another city, how do I do that?
— Take a form, write the city, the telephone number, the person you wish to
   speak to, and the time.
— And what time should I put down?
— Put down the time it is now, we'll try to reach them right away.

14

— Where is there a pay phone for calling long distance?
— Go to Kalinin Prospect, there's a lot of them there.
— And how do you work them?
— They'll tell you there.

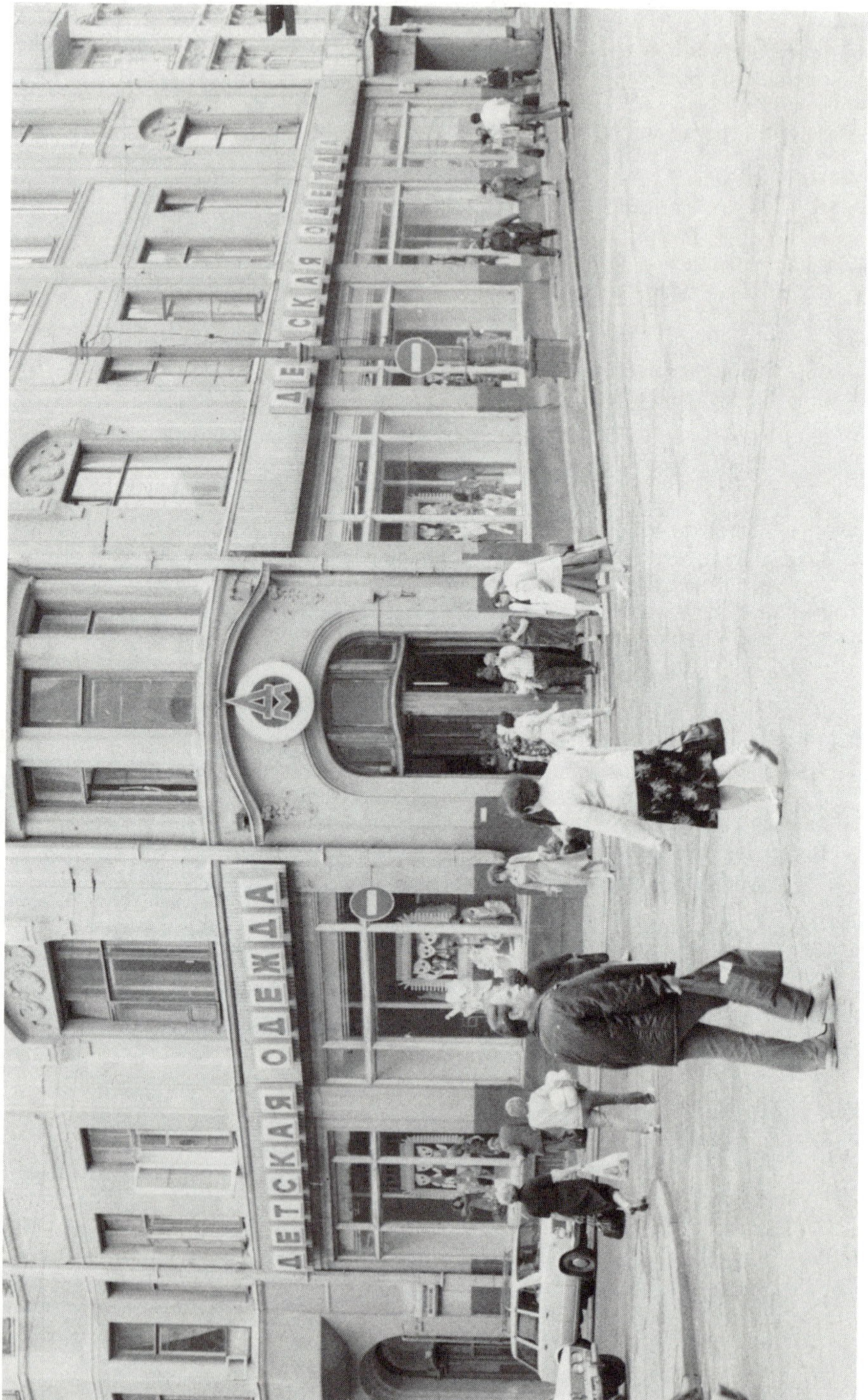
ДЕТСКАЯ ОДЕЖДА

НА У́ЛИЦЕ

КАФЕ́-АВТОМА́Т	КАФЕ́-МОРО́ЖЕНОЕ	
ОДЕ́ЖДА	АПТЕ́КА	СЫРЫ́
ФРУ́КТЫ-О́ВОЩИ	КУЛИНАРИ́Я	
О́ПТИКА	ПЕРЕХО́Д	ЦВЕТЫ́
ПИРОЖКО́ВАЯ	ГАЛАНТЕРЕ́Я	
ПИ́ВО	БУ́ЛОЧНАЯ	РЕСТОРА́Н
МОЛО́ЧНОЕ КАФЕ́	ГРАМПЛАСТИ́НКИ	
УНИВЕРМА́Г	КИНОТЕА́ТР	ГАСТРОНО́М
СОЮЗПЕЧА́ТЬ	ПАРФЮМЕ́РИЯ	

ТУАЛЕ́ТЫ
Мужско́й туале́т   Же́нский туале́т
M   Ж

ГАЗЕ́ТНЫЙ КИО́СК

1

— Ско́лько сто́ит э́тот значо́к?
— Како́й?
— Во́т э́тот. Большо́й, кра́сный.
— Со́рок копе́ек.

2

— Покажи́те э́ту откры́тку.
— Э́ти откры́тки продаю́тся то́лько в набо́ре.
— Покажи́те ве́сь набо́р, пожа́луйста.
— Пожа́луйста. Отде́льные откры́тки е́сть во́т таки́е.

3

— У ва́с е́сть ка́рта Москвы́?
— Е́сть пла́н для тури́стов. Во́т тако́й, как виси́т.
— А быва́ет на англи́йском?
— Быва́ет, но сейча́с не́т.

ON THE STREET

VENDING MACHINES

ICE-CREAM PARLOR

CLOTHING

DRUGSTORE

CHEESES

FRUITS & VEGETABLES

DELICATESSEN

OPTICIAN

CROSSWALK

FLOWERS

PIROZHKI

NOTIONS AND TOILETRIES

BEER

BAKERY

RESTAURANT

DAIRY BAR

RECORDS

DEPARTMENT STORE

CINEMA

GROCERIES

NEWSSTAND

COSMETICS

TOILETS

Men's Room
M

Ladies' Room
W

NEWSPAPER STAND

торшер = floor lamp
настольная лампа = desk lamp

1

— How much does that badge cost?
— Which one?
— This one here, the large red one.
— 40 kopecks.

2

— Show me that postcard.
— These postcards are sold only as a set.
— Show me the whole set, please.
— Certainly. The individual postcards we have are these here.

3

— Do you have a map of Moscow?
— We have a tourist map. It's like this one hanging here.
— Do they come in English?
— They do, but we don't have any right now.

4

— Éсть плáн метрó?
— У нáс не бывáет.
— А не скáжете, гдé мóжно купи́ть?
— Не знáю, мóжет бы́ть в метрó.

5

— Дáйте какýю-нибудь газéту, пожáлуйста.
— Сегóдняшнюю?
— Мнé всё равнó, мнé нáдо завернýть.
— Вóт возьми́те мáйский нóмер. Двé копéйки.

6

— Éсть путеводи́тель по Москвé?
— Éсть на англи́йском.
— Óчень хорошó, а скóлько стóит?
— Четы́ре вóсемьдесят.

КИÓСК «ФРÝКТЫ-ÓВОЩИ»

| Ушлá за товáром |

| Ушлá на обéд |

7

— Взвéсьте, пожáлуйста, оди́н огурéц.
— Большóй и́ли помéньше?
— Срéдний.
— Вóт такóй, устрáивает? Вóсемьдесят копéек.
— У меня́ тóлько три́ рубля́ — однóй бумáжкой.
— Возьмёте сдáчу мéлочью? У меня́ нéт бумáжных дéнег.
— Хорошó, давáйте.

8

— Мóжно взвéсить четы́ре я́блока полýчше?
— На вы́бор не даём, бери́те каки́е éсть.
— Нéт, э́ти сли́шком плохи́е.
— Не хоти́те, не бери́те.

4

— Do you have a subway map?
— We don't carry them.
— Could you tell me where I could buy one?
— I don't know, maybe in the subway.

5

— Give me any newspaper, please.
— Today's?
— It doesn't matter, I need to wrap something.
— Take one left over from May. Two kopecks.

6

— Do you have a Moscow guidebook?
— We have one in English.
— Very good, and how much is it?
— 4.80.

VEGETABLE & FRUIT STAND

| Gone to Pick up Produce |

| Gone to Lunch |

7

— Weigh one cucumber, please.
— Large or small?
— Medium.
— Is this one all right? 80 kopecks. *(Does this suit you?)*
— All I have is a 3-ruble note.
— Will you take change in coins? I don't have any bills.
— Okay, why not.

8

— Could you weigh four nice apples?
— We don't let you pick them out, take what we've got.
— No, these are too bad.
— If you don't want them, don't take them.

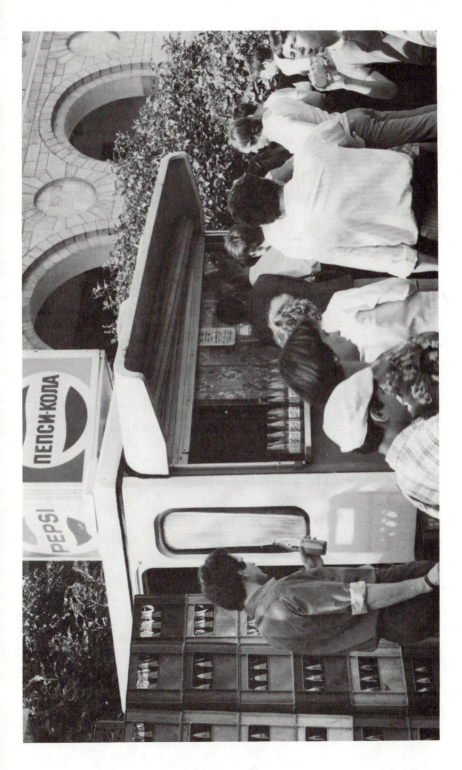

хозяин = owner

9

— Оди́н грейпфру́т, са́мый большо́й.
— Тако́й хва́тит?
— Да́, спаси́бо, ско́лько с меня́?
— Ру́бль пятьдеся́т, то́лько без сда́чи, у меня́ ме́лочи не́т.

10

— Полкило́ помидо́р, два́ лимо́на, и килогра́мм апельси́нов.
— Е́сть куда́ положи́ть?
— Не́т.
— А у меня́ бума́ги не́т. Во́н напро́тив газе́тный кио́ск, купи́те
   газе́ту.

У КИО́СКА С ГАЗИРО́ВАННОЙ ВОДО́Й

11

— Оди́н стака́н с сиро́пом.
— С каки́м?
— С я́блочным.
— Три́ копе́йки.

12

— Два́ стака́на бе́з сиро́па и шокола́дку за три́дцать пя́ть
   копе́ек.
— Три́дцать се́мь копе́ек.
— Во́т со́рок.
— У меня́ копе́ек не́т, возьми́те конфе́ту.

13

— Стака́н тома́тного со́ка.
— Тома́тный ко́нчился.
— А како́й е́сть?
— Сли́вовый е́сть и абрико́совый.

14

— Стака́н воды́ с двойны́м сиро́пом, пожа́луйста.
— Подожди́те, стака́нов не́т, всё разобра́ли.
— А до́лго жда́ть?
— Во́т сейча́с освободи́тся и полу́чите.

9

— One grapefruit, the biggest you have. *(Is this enough?)*
— Will one like this do?
— Yes, thank you, how much do I owe?
— A ruble fifty, exact change only, I don't have small change.

10

— Half a kilo of tomatoes, two lemons, and a kilogram of oranges.
— Do you have somewhere to put them?
— No.
— And I don't have any paper. Over there across the road there's a newsstand,
   buy a paper.

AT THE SODA STAND

11

— One glass flavored.
— What kind?
— Apple.
— 3 kopecks.

12

— Two glasses plain, and a 35-kopeck chocolate bar.
— 37 k.
— Here's 40.
— I have no kopeck coins, take a piece of candy instead.

13

— A glass of tomato juice.
— The tomato's all gone.
— What do you have?
— We have prune and apricot.

14

— A glass of water, extra flavoring, please.
— You'll have to wait, there are no glasses, they're all in use.
— Will it be a long wait?
— There should be a free glass in just a moment.

МОРО́ЖЕНОЕ.

— Да́йте, пожа́луйста, брике́т за девятна́дцать копе́ек.
— А мне́ — сли́вочный стака́нчик.
— А мне́ — са́харную тру́бочку.
— А мне́ — фру́ктовое.
— А мне́ — пломби́р.
— А мне́ — шокола́дное. Не́т, два́ шокола́дных.
— А мне́ — эскимо́ в шокола́де. Не́т, лу́чше бе́з шокола́да.

ЧИ́СТКА О́БУВИ

15

— Да́йте мне́ шнурки́, пожа́луйста.
— Шёлковые и́ли просты́е?
— Просты́е и подлинне́е.
— Чёрные и́ли кори́чневые?
— Всё равно́.

РАЗГОВО́РЫ С ПРОХО́ЖИМИ

16

— Вы́ не ска́жете, кото́рый ча́с?
— У меня́ не́т часо́в, но сейча́с приблизи́тельно о́коло десяти́.

17

— Молодо́й челове́к, не ска́жете вре́мя?
— Без четырёх пя́ть.
— Спаси́бо.

18

— Де́вушка, у ва́с что́-то упа́ло.
— Не́т, э́то не моё.

19

— Не вы́ потеря́ли?
— Да́, спаси́бо большо́е.

ICE CREAM

— Give me, please, a 19-kopeck ice-cream sandwich.
— And I'll have a vanilla cup.
— And I'll have a cone.
— And I'll have fruit ice cream.
— And I'll have a vanilla deluxe .
— And I'll have a chocolate. No, two chocolates.
— And I'll have an eskimo bar with chocolate coating. No, make that plain.

SHOESHINES

15

— Give me some shoelaces, please.
— Silk or plain?
— Plain and long.
— Black or brown?
— Either one.

CONVERSATIONS WITH PEDESTRIANS

16

— Could you tell me what time it is?
— I don't have a watch but right now it's somewhere around 10.

17

— Young man, do you have the time?
— It's 4 minutes to 5.
— Thank you.

18

— Miss, you dropped something.
— No, that's not mine.

19

— Was it you who dropped this?
— Yes, thank you very much.

20

— Пáрень, прикурúть не дáшь?
— Чтó-чтó? Не понимáю.
— Спúчки нéт, прикурúть?
— Нéт, нéту. Я не курю́.

21

— Извинúте, прикурúть не найдётся?
— Пожáлуйста.

22

— Извинúте, у вáс не найдётся сигарéты?
— Пожáлуйста. Возьмúте двé.
— Огрóмное спасúбо.
— Курúте на здорóвье.

23

— Вы́ не скáжете, гдé нахóдится ближáйший туалéт?
— Здéсь туалéт днём с огнём не найдёшь.
— Ну извинúте.
— А вы́ зайдúте в ближáйшую столóвую, тáм всегдá éсть туалéт.

24

— Дéвушка, почему́ у́лицу не тáм перехóдите? Для вáс чтó, прáвил нéт?
— Извинúте, товáрищ милиционéр, я́ инострáнка, я́ не знáла.
— Ну лáдно, а тó штрáф полагáется.
— Я́ не знáла, что здéсь нельзя́ переходúть.

20

— Hey buddy, how 'bout getting a light off you?
— What's that? I don't understand.
— Got a match, got a light?
— No, I don't. I don't smoke.

21

— Hey, could I get a light off you?
— Sure.

22

— Excuse me, you wouldn't have a cigarette on you, would you?
— Sure. Take two.
— I really appreciate it.
— Enjoy.

23

— Could you tell me where the nearest restroom is?
— There's no restroom here.
— Well, excuse me.
— Go into the nearest cafeteria, they always have a restroom.

24

— Young woman, why are you crossing the street in the wrong place? Don't
   the rules mean anything to you?
— Excuse me, officer, I'm a foreigner, I didn't know.
— Well all right, but you can be fined.
— I didn't know you couldn't cross here.

(К вам может обратиться милиционер с мегафоном:)

— Девушка в синих джинсах, почему идёте на красный свет,
   жить надоело?
— Молодой человек в плаще, вернитесь, здесь нет перехода!
— Заканчиваем переход, заканчиваем.

25

— Сынок, лимончики у тебя, где брал?
— Вон там за углом, в киоске.
— Спасибо, милый.

26

— Не скажете, где апельсины дают?
— В гастрономе, напротив.
— А очередь большая?
— Человек десять было.

(A policeman can address you with a megaphone:)

— Young woman in blue jeans, why are you going through a red light, are you
   tired of living?
— Young man in the raincoat, turn back, this is not a crosswalk.
— The crossing is now ending, stay out of the street.

25

— Sonny, those lemons you've got, where'd you buy them?
— Back there around the corner, in the stand.
— Thanks, dear.

26

— Can I ask you where those oranges are being sold?
— In the foodstore across the street.
— Is there a long line?
— There were about 10 people.

В ИНСТИТУ́ТЕ
В УНИВЕРСИТЕ́ТЕ

Декана́т

Дека́н

Замдека́на

Без сту́ка не входи́ть

Отде́л по рабо́те с иностра́нными студе́нтами

Приёмные часы́: с 12 до 14

1

— Вы́ не ска́жете, где́ расписа́ние заня́тий?
— Где́-то на тре́тьем этаже́.
— По э́той ле́стнице?
— Не́т, пройди́те по коридо́ру, та́м бу́дет друга́я ле́стница, по
   не́й подни́метесь на тре́тий эта́ж.

2

— Мне́ сказа́ли что зде́сь где́-то виси́т расписа́ние заня́тий.
— Да́, во́н та́м, напро́тив декана́та.
— А ка́к найти́ расписа́ние заня́тий америка́нской гру́ппы?
— Поня́тия не име́ю, спроси́те секрета́ршу в декана́те.

3

— Что́ мне́ де́лать, я́ не могу́ найти́, где́ занима́ется сего́дня
   америка́нская гру́ппа.
— Спроси́те во́н у э́той де́вушки в углу́.
   . . . . .
— Вы́ не зна́ете, где́ занима́ется америка́нская гру́ппа
   сего́дня?
— Сего́дня заня́тий не́т, они́ все́ уе́хали на экску́рсию.

4

— Вы́ не ска́жете, ка́к найти́ аудито́рию сто́ пятна́дцать?
— Все́ аудито́рии, кото́рые начина́ются на сто́, на пе́рвом
   этаже́.
— Я́ обошёл ве́сь пе́рвый эта́ж, а сто́ пятна́дцатой не нашёл.
— А́, пра́вильно! Сто́ пятна́дцатая — в подва́ле.

AT SCHOOL

Dean's Office

Dean

Assistant Dean

Knock before Entering

Foreign Student Office

Office Hours: 12 to 2

1

— Can you tell me where the schedule of classes is?
— Somewhere on the third floor.
— On this stairway?
— No, go down the hall, there'll be another stairway down there, take it up to the third floor.

2

— I was told that the class schedule was posted here somewhere.
— Yes, it's over there, across from the Dean's Office.
— And how do I find the schedule of classes for the American group?
— I have no idea, ask the secretary in the Dean's Office.

3

— I don't know what to do, I can't find where the American group is having classes today.
— Ask that young woman over there in the corner.
. . . . .
— Do you know where the American group is having classes today?
— There are no classes today, they've all gone on an excursion.

4

— Could you tell me how to find classroom 115?
— All the classrooms starting with 100 are on the first floor.
— I've walked over the entire first floor, and I didn't find 115.
— Oh, that's right! 115 is in the basement.

5

— Где мне найти профессора, который ведёт грамматику в
  американской группе?
— А как фамилия, не знаете?
— Нет, не помню.
— Тогда лучше всего обратитесь в деканат.

6

— Скажите, почему звонит звонок?
— Или начало урока, или конец.
— А сколько времени будет перерыв?
— Или десять минут, или двадцать.

7

— Где тут можно выпить кофе?
— В буфете на первом этаже. И ещё в подвале есть столовая.
— Кажется, я видел какой-то буфет на третьем этаже.
— Это только для преподавателей.

8

— Здесь можно купить ручку или карандаш?
— В институте ручки не продаются, это не магазин.
— Что же мне делать? Я забыл ручку в общежитии.
— Попросите у какого-нибудь студента.

9

— Товарищ преподаватель, я вчера пропустила и не знала, что
  задано. Не спрашивайте меня сегодня.
— А почему вы пропустили занятие?
— Я плохо себя чувствовала.
— Хорошо, но вообще нельзя пропускать занятия без
  уважительной причины. Если вы плохо себя чувствовали
  надо принести справку от врача.

10

— Лидия Павловна, я завтра не приду на грамматику.
— А что такое?
— У меня заказан разговор с Америкой на десять часов.
— Тогда прочитайте параграф десятый и сделайте упражнения
  пять, шесть и семь.

5

— Where can I find the professor who teaches grammar to the American group?
— What's his last name, do you know?
— No, I don't remember.
— Then the best thing to do is try the Dean's Office.

6

— Excuse me, why is the bell ringing?
— It's either the beginning of the period, or the end.
— How long will the break be?
— Either 10 minutes, or 20.

7

— Where can you get a cup of coffee around here?
— At the snack bar on the first floor. And there's also a cafeteria in the basement.
— I thought I saw some sort of snack bar on the third floor.
— That's only for faculty.

8

— Can you buy a pen or pencil here?
— Pens aren't sold in the institute, this isn't a store.
— Then what am I supposed to do? I left my pen in the dorm.
— Borrow one from a student.

9

— Teacher, I was absent yesterday and didn't get the assignment. Don't call on me today.
— Why did you miss class?
— I didn't feel well.
— All right, but you're not supposed to miss classes without a good reason. If you were sick you have to bring a note from the doctor.

10

— Lidiya Pavlovna, I won't be coming to grammar class tomorrow.
— What's the reason?
— I have a phone call to America ordered for 10 o'clock.
— Then read section 10 and do exercises 5, 6, and 7.

11

— Простите, мне надо выйти.
— Да, конечно, пожалуйста.

12

— Туалет почему-то заперт.
— Попробуй туалет на другом этаже.
— А где он там?
— Он расположен так же, как этот, слева от лестницы.

13

— Что ты пришёл в буфет в мокрой куртке?
— А куда её деть?
— Куртки и плащи надо сдавать в гардероб.
— А где он находится?
— Внизу, в подвале. Как войдёшь, направо.

Гардероб

Гардероб закрывается в 8 часов

Портфели и сумки гардероб не принимает

За вещи, оставленные в карманах, гардеробщик
*   ответственности не несёт*

Не теряйте номерок — штраф три рубля

Ценные вещи сдавайте на хранение

14

— Что это у вас вешалки нет, девушка? Тут на воротнике
    должна быть петелька, называется вешалка.
— У нас в Америке не вешают на вешалки.
— А у нас вешают. Надо пришить, а то в следующий раз не
    приму.
— Извините, обязательно пришью.

11

— Excuse me, I have to step outside.
— Certainly, go right ahead.

12

— The toilet is locked for some reason.
— Try the toilet on another floor.
— Where would I find it?
— It's in the same place this one is, to the left of the stairs.

13

— What are you doing coming into the snack bar wearing a wet jacket?
— Well where can I put it?
— Jackets and raincoats have to be checked in the cloakroom.
— Where's the cloakroom?
— Downstairs, in the basement. On the right as you enter.

Cloakroom

The cloakroom closes at 8 o'clock

Briefcases and purses not checked

Attendant not responsible for articles left in pockets

Do not lose your coat check. Fine — 3 rubles

Check your valuables for safekeeping

14

— Young woman, why don't you have a coat tab? Here inside the collar there
    should be a little loop, it's called a вёшалка.
— In America we don't hang things up by tabs.
— But we do. You have to sew one on, or else I won't take it next time.
— I'm sorry, I'll definitely sew one on.

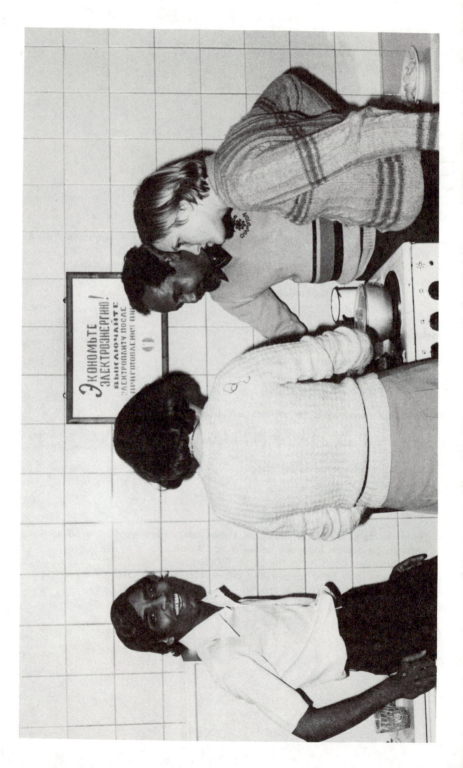

КУДА́ ПОЙТИ́ ПОЕ́СТЬ

СТОЛО́ВАЯ САМООБСЛУ́ЖИВАНИЯ

Здесь не ку́рят

*Приноси́ть с собо́й и распива́ть спиртны́е напи́тки
   запреща́ется*

Чи́стые подно́сы

Гря́зные подно́сы

— Да́йте, пожа́луйста:

    — Суп харчо́ и соси́ски с капу́стой.

    — Суп моло́чный с лапшо́й и макаро́ны с сы́ром.

    — Котле́ты с карто́шкой, без со́уса.

    — Свину́ю котле́ту с капу́стой и стака́н молока́.

    — Ры́бу с макаро́нами и два́ куска́ бу́лки.

    — Две́ сарде́льки без гарни́ра.[1]

    — Омле́т и ри́совую ка́шу.

    — Ещё кусо́к хле́ба.

    — Ещё оди́н компо́т.

---

[1] Гарни́р is what accompanies a main dish--sauce, pickle, potatoes, vegetables, etc.

EATING OUT

SELF—SERVICE CAFETERIA

No smoking

Carrying in and consumption of alcoholic beverages is prohibited

Clean trays

Dirty trays

— Could I please have:

    — Mutton soup and hot dogs with sauerkraut.

    — Milk noodle soup and macaroni and cheese.

    — Meat patties with potatoes, no sauce.

    — Pork cutlet with cabbage and a glass of milk.

    — Fish with macaroni and two pieces of white bread.

    — Two sausages plain.

    — Omelette and rice kasha.[1]

    — Another piece of bread.

    — One more compote.[2]

---

[1] Russian omelettes contain flour, so are more the consistency of a heavy pancake. Рисовая каша is like cream of wheat, only made of rice.

[2] Compote is mostly the juice left over when fruit is stewed (with sugar) in a lot of water. At the bottom of the glass are a few pieces of the fruit used--apples, prunes, raisins, pears, etc. It's drunk at meals as a beverage or consumed at the end of the meal as a dessert.

МЕНЮ

Винегре́т[1] с селёдкой
Сала́т из све́жей капу́сты
Су́п с вермише́лью
Су́п карто́фельный с фрикаде́льками
Су́п харчо́
Яи́чница из дву́х яйц
Омле́т из дву́х яйц
Ка́ша ма́нная с ма́слом
Ка́ша ри́совая с ма́слом
Макаро́ны с сы́ром
Соси́ски ру́сские с гарни́ром
Сарде́льки без гарни́ра
Соси́ски люби́тельские[2]
Котле́ты ру́бленые
Мя́со отварно́е с гарни́ром
Треска́ по-по́льски

Гарни́ры:

пюре́ карто́фельное, макаро́ны, капу́ста тушёная

Напи́тки:

Ко́фе с молоко́м
Ча́й с лимо́ном
Молоко́ кипячёное
Компо́т из сухофру́ктов
Кака́о

---

[1] Винегре́т--one of the most common dishes in Russian cooking--is the name for a Russian salad made of cold, cooked beets and potatoes diced up with onion and with sunflower seed oil and vinegar added. Other ingredients may be carrots, apples, hard-boiled egg, pickle, leftover meat or fish, or, in this case, pickled herring.
[2] Люби́тельские соси́ски are like regular соси́ски (frankfurters) but have small pieces of fat in them.

MENU

Herring salad
Cole slaw
Vermicelli soup
Potato soup with dumplings
Mutton soup
Two fried eggs
Omelette
Cream of wheat with butter
Cream of rice with butter
Macaroni and cheese
Hot dogs with garnish
Sausages plain
Premium frankfurters
Chopped meat patties
Boiled meat with garnish
Cod Polish style[1]

Sidedishes:

Mashed potatoes, macaroni, stewed cabbage

Beverages:

Coffee with milk and sugar
Tea with lemon
Boiled milk
Dried-fruit compote
Cocoa

---

[1] "Polish style" fish is steamed and served with lemon butter or white sauce.

КАФЕ «ВЕЧЕРНЕЕ»

Свободных мест нет

Стол не обслуживается

1

— Дайте меню, пожалуйста.
— Что будете заказывать?
— Бутылку пива, два салата столичных[1] и котлеты.
— А на десерт?
— Ничего не надо.

2

— Что будете есть?
— Салат из свежих огурцов и блинчики с творогом.[2]
— Пить что-нибудь будете?
— Бутылку лимонада, пожалуйста.

3

— Ну, молодые люди, выбрали?
— Да. Рыбу по-польски и свиную отбивную.
— Отбивные очень жирные.
— Тогда ещё одну рыбу.

4

— Пожалуйста, сырники[3] со сметаной.
— Ещё что-нибудь?
— Чай с лимоном и пирожное «эклер».
— Пирожные только бисквитные.[4]

---

[1] A potato salad with pieces of cold, diced meat or chicken, pickle, mayonnaise, etc.

[2] Творог is like cottage cheese only firmer, less moist, and much richer-tasting.

[3] These are sweet fritters made with the same white curd cheese (творог) described above.

[4] Sponge cake is only one variety of the kind of pastries referred to as бисквитные. What they all have in common is the absence of a cream filling.

CAFE "EVENING"

Full

This Section Closed

1

— Could we have a menu, please?
— What would you like to order?
— A bottle of beer, two "Capital" salads, and ground meat patties.
— And for dessert?
— Nothing.

2

— What will you have?
— Cucumber salad and cottage-cheese crepes.
— Will you have something to drink?
— A bottle of soda, please.

3

— Are you guys ready to order?
— Yes. Fish in white sauce and a pork chop.
— The pork chops have a lot of fat on them.
— Another fish then.

4

— Cheese fritters with sour cream, please.
— Anything else?
— Tea with lemon and an eclair.
— The only pastries we have are sponge cake.

5

— Су́п фрукто́вый и отбивну́ю с жа́реной карто́шкой.
— Отбивны́е ко́нчились.
— А что́ е́сть?
— Е́сть рагу́ из бара́нины.

6

(обраща́ясь к официа́нтке)

— Де́вушка, мо́жно ещё два́ ко́фе и два́ ке́кса?
— Сейча́с принесу́.
— Да́йте счёт, пожа́луйста.
— Подожди́те мину́ту, сейча́с подойду́.

ПИРОЖКО́ВАЯ   КАФЕ́ «МИНУ́ТКА»

— Да́йте, пожа́луйста:

   — Две́ ватру́шки[1] и чёрный ко́фе.
   — Два́ пирожка́[2] с мя́сом и ри́сом и стака́н молока́.
   — Три́ пирожка́ с морко́вью и бульо́н.
   — Оди́н жа́реный пирожо́к с лу́ком и два́ печёных с
      капу́стой.
   — Оди́н с пови́длом и одну́ бу́лочку с ма́ком.
   — Бутербро́д с сы́ром.
   — Бутербро́д с колбасо́й.
   — Бутербро́д с ветчино́й.

---

[1] Round flat tarts made with sour-cream dough, and filled with a mixture of творо́г, egg, and sour cream (like our cheesecake).

[2] A пирожо́к (stress on the last syllable!) is a little bite-sized "pie" stuffed with ground meat, rice, or cabbage (or other) filling. The dough is made with sour cream. They're either baked or deep-fried.

5

— Fruit soup and a pork chop with fried potatoes.
— We're out of pork chops.
— So what do you have?
— We have mutton stew.

6

(addressing the waitress)

— Miss, can we have two more coffees and two pieces of pound cake?
— I'll bring it right away.
— The check please.
— Wait a minute, I'll be right with you.

MEAT PIES   CAFE "QUICK STOP"

— I'd like:

    — Two cheese tarts and black coffee.
    — Two piroshki with meat and rice and a glass of milk.
    — Three pies with carrot filling and bouillon.
    — One fried pie with onion and two baked ones with cabbage.
    — One with jam and one poppy-seed roll.
    — A cheese sandwich.[1]
    — A sausage sandwich.
    — A ham sandwich.

---

[1] Russian sandwiches are open and very plain--a piece of bread, butter (maybe), and a couple of slices of cheese, salami, smoked fish, caviar or whatever on top.

ПРОДУКТÓВЫЙ МАГАЗИ́Н

Гастронóмия	Бакалéя[1]	Молóчный
1 отдéл	2 отдéл	3 отдéл
Фасóванные товáры	Развесны́е товáры	Разливнóе молокó[2]

Магазúн рабóтает с 10 до 9
Переры́в на обéд с 12 до 1

Закры́то на санитáрный дéнь

Закры́то по технúческим причúнам

Сáн. чáс

Буты́лки принимáют во дворé

Продавéц и покупáтель, бýдьте взаúмно вéжливы

Доплáта тóлько через кáссу

*Инвалúды и ветерáны отéчественной войны́ обслýживаются
вне óчереди*

Спиртны́е напúтки продаю́тся с 14 до 19 часóв

*Дéтям до восемнáдцати лéт спиртны́е напúтки и
табáчные издéлия не отпускáются*

Штýчный товáр отпускáется в поря́дке óчереди

1

— Ктó послéдний?
— Я́ послéдняя.
— Я́ бýду за вáми. А за чéм стоя́т? Почемý такáя óчередь?
— Твёрдую колбасý даю́т.

---

[1] Бакалéя comes from an Arabic word meaning spice merchant. Examples of food in this section (or in a small shop with this designation) are sugar, dried fruits, tea, flour, salt, etc.
[2] Разливнóй means "poured out" (of a large container). In other words, bring your own bottle, jug, or whatever. Many things can be sold in bulk (but aren't always), like vegetable oil (usually sunflower seed oil), milk, kvas, sour cream, etc.

GROCERY STORE

Food	Groceries	Dairy
First Section	Second Section	Third Section
Packaged Foods	Foods Sold by Weight	Bulk Milk

Store Hours 10 to 9, Closed for Lunch from 12 to 1

Closed for Cleaning Today[1]

Closed for Technical Reasons

Closed for Cleaning

Return bottles in the courtyard

Clerk and customer, be mutually courteous

Add-on payment[2] only through cashier[3]

Disabled and Veterans of the Patriotic War served without waiting in line

Alcoholic beverages sold from 2 to 7 p.m.

Alcoholic beverages and tobacco products not sold to minors.

Line up for items sold by quantity[4] (rather than by weight).

1

— Who's last in line?
— I am.
— I'll be behind you. What's everyone lining up for? Why is there such a line?
— They're putting salami on sale.

---

[1] Every public organization--stores, libraries, schools, or whatever--has a "sanitary day", usually once a month.

[2] If you buy a kilo of meat, for example, but the actual weight of the piece you get is 1100 grams, you have to get another "check" for the extra 100 grams from the cashier. In other words, the butcher cannot take your money. In these cases, you automatically go to the head of the line at the cashier's.

[3] *Important note:* One of your first discoveries in a Soviet store is that you don't give money to the clerk, but to the cashier (кассир) who usually sits in a special booth (касса). The cashier takes your money and rings up your "check". This "check" is a cash-register receipt showing you've paid so much money for items in a given section of the store.

[4] Examples: bottled milk and other packaged products.

2

— Вы последняя?
— Наверное. Кажется, за мной никто не занимал.
— А за чём эта очередь, за колбасой?
— И за колбасой и за сыром, кому что надо.

3

— Кто крайний? Вы, девушка?
— Да, я.
— Если кто придёт, скажите, что я за вами. Я только
   посмотрю, что там есть.
— Хорошо.

4

— Вы последний?
— За мной занимал молодой человек, вы будете за ним.

— Я занимал за этим мужчиной, вас тогда не было.
— Пожалуйста, пожалуйста.

5

— Я стою за этой женщиной, я отходил. Пустите меня,
   пожалуйста.
— Ничего не знаю. Женщина, он занимал за вами?
— Занимал, занимал.
— Я его не видел. Когда занимаешь очередь, надо стоять на
   своём месте.

6

(обращаясь к человеку, стоящему сзади)

— Я отойду на минутку в другой отдел.
— Хорошо, идите, а потом я схожу.
— А вы не скажете, сначала в кассу надо платить, или как?
— Нет, лучше сначала взвесить.

2

— Are you last in line?
— I guess so. I don't think anyone has taken a place behind me.
— What's this line for, sausage?
— It's for sausage and cheese, whichever.

3

— Who's at the end? Is it you, miss?
— Yes, I am.
— If anyone comes, say that I'm behind you. I'm just going to take a look to
  see what they have.
— Okay.

4

— Are you last?
— A young man took the place behind me, you'll be after him.
  . . . . .
— I took a place behind this man, you weren't here then.
— Sure, that's fine.

5

— I'm standing behind this woman, I stepped out of line. Let me in, please.
— I don't know anything about it. Woman[1], did he take a place behind you?
— He did, he did.
— I didn't see him. When you take a place in line, you have to stand in your
  spot.

6

(turning to a person standing behind you)

— I'm going to step over to another section for a second.
— Fine, you go ahead, and afterwards I'll go take a look.
— Do you happen to know if you have to pay the cashier first, or what?
— No, it's better to get your things weighed first.

---

[1] This mode of address (же́нщина!) is considered by some speakers to be
rude: in a crowded bus, the use of it can cause tempers to flare. The problem
is, Russian has terms of address for younger women (де́вушка) and older
women (ба́бушка) only. Both това́рищ and гражда́нка are too official for
purely human encounters like this. Many speakers avoid this problem by using
eye contact or a word like прости́те (excuse me) to address a stranger for
whom neither де́вушка nor ба́бушка will quite fit.

7

— Взве́сьте, пожа́луйста, швейца́рского сы́ра гра́мм три́ста.
— Побо́льше не возьмёте?
— Хорошо́, и ещё во́н то́т кусо́чек колбасы́.
— Плати́те в ка́ссу три́ со́рок на пе́рвый отде́л.

8

— Пожа́луйста, три́ста ма́сла, две́сти до́кторской и две́сти
    росси́йского.
— Сы́р поре́зать?
— Поре́жьте, пожа́луйста.
— А колбасу́ кусо́чком?
— Да́, колбасу́ мо́жно не ре́зать.

9

— Полкило́ соси́сок моло́чных, три́ста ветчины́.
— Ветчи́нки побо́льше немно́го, ничего́?
— Ничего́, не стра́шно. Пу́сть бу́дет побо́льше.
— Доплати́те в ка́ссу семна́дцать копе́ек. Допла́та вне о́череди.

10

— Деся́ток яи́ц, два́ сырка́ де́тских и ба́ночку смета́ны.
— Яи́ца куда́ бра́ть бу́дете?
— А вы́ не мо́жете да́ть паке́т?
— За яи́цами на́до с мешо́чком ходи́ть.

11

— Буты́лку кефи́ра, паке́т сли́вок и па́чку ма́сла.
— Кефи́р вчера́шний.
— А я́ уже́ вы́била.[1]
— Подойди́те к ка́ссе, ва́м верну́т де́ньги. *(кассиру)* Ма́ша,
    верни́ три́дцать копе́ек де́вушке.

---

[1] **Вы́бить** (and **проби́ть**, Dialog 13) means to ring something up on the cash register which prints the receipt or "check" which you then give to the clerk to get your food. The verb is used a lot, and you need it to get around in shopping situations.

7

— Let me have about 300 grams of Swiss cheese, please.
— Would you take a little more?
— Fine, and also that little piece of sausage there.
— Pay the cashier 3.40 for the first section.

8

— I'd like 300 grams of butter, 200 of baloney, and 200 of Russian cheese,
    please.
— Slice the cheese?
— Do slice it, please.
— Leave the sausage in one piece?
— Yes, the sausage doesn't have to be sliced.

9

— Half a kilo of franks, and 300 grams of ham.
— The ham's a little over, is that okay?
— That's okay, no problem. Let it be a little more.
— Pay the cashier an additional 17 kopecks. Go to the head of the line.

10

— Ten[1] eggs, two packages of sweetened cottage cheese, and a jar of sour
    cream.
— Where are you putting the eggs?
— Can't you give me a container?
— You have to bring a bag when you're buying eggs.

11

— A bottle of yogurt, a carton of cream, and a package of butter.
— The yogurt is a day old.
— But I already paid for it.
— Go to the cashier, your money will be returned. *(to the cashier)* Masha,
    refund 30 kopecks to this young woman.

---

[1] The Soviets use metric tens rather than dozens.

12

— Бутылку молока, пожалуйста.
— Вы встали не в тот отдел, у нас только разливное.
— Вот чёрт, я тут очередь отстоял, теперь ещё раз стоять.
— Можете у меня купить пустую бутылку, доплатите в кассу
  двадцать копеек.
— О, спасибо большое.
— Не забудьте что разливное молоко надо обязательно
  кипятить.

КАССА

Проверяйте деньги и чеки не отходя от кассы

Называйте номер отдела

Книга жалоб и предложений находится у кассира

13

— Пробейте, пожалуйста, пакет вермишели, пачку чая и
  бутылку подсолнечного масла.
— Какой отдел?
— Кажется, третий.
— Надо точно знать номер отдела. И цену посмотрите на
  вермишель.

14

— Полкило сосисок и триста грамм масла на первый отдел.
— А у вас сосиски свешаны?
— Нет.
— Надо сначала свесить.

15

— Пачку творога, два сырка за пятнадцать копеек на второй
  отдел и пачку кофе на третий.
— А у вас помельче нет денег?
— У меня только десять рублей.
— Тогда подождите. У меня трехрублёвок нет. Может, кто
  даст.

12

— A bottle of milk, please.
— You've come to the wrong section, we only have bulk milk.
— Damn, I've waited for my turn, and now I have to stand again.
— You can buy an empty bottle from me and pay the cashier an extra 20 kopecks.
— Oh, thanks a lot.
— Don't forget, bulk milk must be boiled.

CASHIER

Verify money and checks before leaving the cashier

Specify section number

Complaint and Suggestion Book located at the cashier's

13

— Please ring up a package of vermicelli, a package of tea and a bottle of sunflower seed oil.
— What section?
— The third, I think.
— You have to know the section number exactly. And look up the price of the vermicelli.

14

— Half a kilo of franks and 300 grams of butter for the first section.
— Are your franks weighed?
— No.
— They have to be weighed first.

15

— A package of cottage cheese, two 15-kopeck sweetened cottage cheeses for the second section and a package of coffee for the third.
— Don't you have any smaller bills?
— I only have 10 rubles.
— Then wait till someone gives me a smaller bill. I have no 3-ruble notes.

16

— В кондитерский отдел, пожалуйста, триста конфет по рубль
  двадцать, пачку печенья и полкило песку.
— Есть десять копеек?
— Сейчас посмотрю. . . вот, есть.
— Молодой человек, чек забыли взять.

17

— Девушка, куда вы лезете без очереди?
— Мне только доплатить. Выбейте десять копеек,
  пожалуйста.
— Какой отдел?
— Второй.

18

— Извините, вы мне пробили не на тот отдел, я просил на
  первый.
— Надо громче говорить.

19

— Пожалуйста, три сорок в винный отдел.
— Что вы мне даёте? Здесь только три рубля.
— Извините, вот ещё рубль.

16

— For the bakery section, please, 300 grams of ruble-twenty candy, a package
   of cookies and half a kilo of granulated sugar.
— Do you have 10 kopecks?
— Let me look. . . yes, here.
— Young man, you forgot to take your check.

17

— Why are you butting ahead without waiting your turn, young lady?
— I just have to pay additional. Ring up ten kopecks, please.
— Which section?
— The second.

18

— Excuse me, you rang up the wrong section for me, I asked for the first.
— You have to speak louder.

19

— Three forty for the wine section, please.
— What are you giving me? There are only 3 rubles here.
— Excuse me, here's another ruble.

КНИЖНЫЙ МАГАЗИН

Художественная литература *Книги по искусству*
         Плакаты   *Канцтовары*

Магазин работает с 10 до 7, обеденный перерыв с 2 до 3

Выходные дни — суббота и воскресенье

Закрыто на переучёт

Закрыто на обед

1

— У вас есть русско-английский словарь?
— Есть, вот такой.
— А поменьше нет?
— Есть ещё карманный, показать?
— Нет, карманный мне не надо.

2

— У вас есть русско-английский разговорник?
— Спросите вон в том отделе.

. . . . .

— У вас есть русско-английский разговорник?
— Нет, сейчас нет, есть польско-русский.
— А бывают русско-английские?
— Бывают, зайдите в конце месяца.

3

— Покажите, пожалуйста, вон тот альбом о Москве.
— Какой, этот?
— Нет, вон тот.
— Это не альбом, это набор репродукций.

4

— У вас есть что-нибудь Пушкина?
— «Капитанская дочка» и «Повести Белкина».
— Покажите, пожалуйста... Я возьму вот эту.
— Платите в кассу рубль двадцать, на первый отдел.

BOOKSTORE

Literature   Art Books

Posters   Office Supplies

Store Hours 10-7, Closed for Lunch 2-3

Closed - Saturday and Sunday

Closed for Inventory

Closed for Lunch

1

— Do you have a Russian-English dictionary?
— Yes, we have this one.
— Don't you have a smaller one?
— There's also a pocket size, do you want to see it?
— No, a pocket dictionary isn't what I need.

2

— Do you have a Russian-English phrase book?
— Ask over there in that section.
. . . . .
— Do you have a Russian-English phrase book?
— No, not now, but we do have a Polish-Russian one.
— Do you ever have Russian-English ones?
— Yes, come by at the end of the month.

3

— Please show me that album [illustrated book] of Moscow.
— Which one, this one?
— No, that one there.
— It's not an album, it's a set of reproductions.

4

— Do you have anything by Pushkin?
— "The Captain's Daughter" and "The Tales of Belkin".
— Show them to me please. I'll take this one.
— Pay the cashier a ruble twenty, for the first section.

5

— У вас есть что-нибудь из классики?
— Вот здесь на полке всё выставлено.
— А Булгакова есть что-нибудь?
— Нет, дефицитные книги у нас редко бывают.

6

— Есть что-нибудь о Ленинграде?
— Вот такой набор открыток.
— А альбома нет?
— Нет, сейчас нет, зайдите через недельку, может быть что-нибудь получим.

7

— Дайте, пожалуйста, три плаката.
— Какие вам?
— Вот этот, этот и ещё вот этот, наверху.
— Этот продаётся только в комплекте. Возьмите весь комплект.

8

— Какие есть тетради?
— А какую вам надо?
— Мне надо в линейку, потолще.
— Толстые только в клетку.

9

— Сосчитайте мне, пожалуйста: одну тетрадь в клетку, вот эту шариковую ручку, и резинку.
— Платите в кассу рубль десять.
— На какой отдел?
— На третий.

ремень = belt
расческа/и = comb
зеркало/а = mirror
бритва/ы = razor
зубная щётка = toothbrush

5

— Do you have any classics?
— What we have is all displayed here on the shelf.
— Do you have anything of Bulgakov's?
— No, we hardly ever have scarce books.[1]

6

— Do you have anything about Leningrad?
— There's this set of postcards here.
— Don't you have an illustrated book?
— No, not now, come by in a week or so, maybe we'll get something.

7

— Give me three posters, please.
— Which ones do you want?
— This one here, this one, and also this one here up top.
— This one's only sold as a set. Take the whole set.

8

— What kind of notebooks do you have?
— Which kind do you need?
— I need one with lined pages, on the thick side.
— The thick ones are all graph paper.

9

— Add up for me, please, one notebook with graph paper, this ball-point pen,
    and an eraser.
— Pay the cashier a rouble ten.
— For which section?
— The third.

---

[1] Дефицитный means "an item that is hard to get, a hot item, an item that is in short supply". This is a very commonly used word. In this conversation, it does not imply "old" or "out of print". It simply means that the store itself has trouble getting these popular titles from the supplier.

10

(обращаясь к продавцу)

— Дéвушка, мóжно вáс?
— Чтó вы хотéли?
— Заверните мнé, пожáлуйста, двá простых карандашá, линéйку, и блокнóт.
— Вы переплатили тридцать копéек, возьмите ещё двá карандашá.

АПТÉКА

Отдéл ручнóй продáжи   Рецептýрный отдéл

11

— Зубнýю пáсту, пожáлуйста, кусóк мыла и плáстырь.
— Какýю пáсту?
— Мятную.
— Платите в кáссу двá двáдцать на пéрвый отдéл.

12

— У вáс éсть чтó-нибудь от головнóй бóли?
— Без рецéпта тóлько анальгин.
— А от нáсморка?
— Возьмите эти кáпли.

ГАЛАНТЕРÉЯ

13

— Скажите, пожáлуйста, какóй éсть шампýнь?
— Éсть «Дéтский» и вóт этот, эстóнский, в зелёной бутылке.
— А какóй лýчше?
— Купите лýчше эстóнский.

14

— Дáйте, пожáлуйста, мéтр резинки и двé катýшки ниток, чёрную и бéлую.
— Какóй нóмер ниток?
— Не знáю, чтоб пýговицу пришить.
— Сороковóй тóлько бéлые, а чёрные — или тридцáтый, или пятидесятый.

10

(addressing the clerk)

— Miss, could I ask you for something?
— What did you want?
— Wrap up for me, please, two lead pencils, a ruler, and a notepad.
— You've overpaid by thirty kopecks, take two more pencils.

DRUGSTORE

Across the Counter Sales   Prescriptions

11

— I'd like toothpaste, a bar of soap, and a band-aid, please.
— What kind of toothpaste?
— Mint.
— Pay the cashier two twenty for the first section.

12

— Do you have anything for a headache?
— Without a prescription only this painkiller, Analgin.
— And for a headcold?
— Take these drops.

TOILETRIES AND NOTIONS

13

— What kind of shampoo do you have?
— We have "Detsky", and here's an Estonian one, in the green bottle.
— Which is better?
— Buy the Estonian kind, it's better.

14

— Give me a meter of elastic, please, and two spools of thread, black and
    white.
— What size thread?
— I don't know, for sewing buttons on.
— In 40 all we have is white, the black is either 30 or 50.

ПЕРВЫЙ ВИЗИТ В ГОСТИ

Садо́вая, до́м № 3, ко́рпус 1   Садо́вая, дом № 3, ко́рпус 2

1-ый подъе́зд   *1-ый подъе́зд*
кварти́ры 1—20   *кварти́ры 1—20*
2-ой подъе́зд   *2-ой подъе́зд*
кварти́ры 21—40   *кварти́ры 21—40*

(Коммуна́льная кварти́ра)[1]

Звоно́к Ивано́вых •   Серге́еву звони́ть 1 ра́з
Звоно́к Петро́вых •   Си́доровым — 2 ра́за   •
                                Никола́евым — 3 ра́за

1

— Вы́ не ска́жете, где́ по э́той у́лице до́м но́мер три́?
— Э́ти дома́ все́ но́мер три́. Како́й ко́рпус ва́м ну́жен?
— Сейча́с посмотрю́... Пя́тый ко́рпус.
— Пройди́те немно́го да́льше, во́н ви́дите на то́м до́ме напи́сан
  но́мер ко́рпуса.

2

(Е́сли вы́ пришли́ в коммуна́льную кварти́ру)

— Здра́вствуйте, мо́жно ви́деть Серёжу Га́рина?
— Во́н его́ две́рь, тре́тья по коридо́ру. Постучи́те.
— Спаси́бо.
  (стучи́т)
— Да́-да́. Входи́те. Кто́ та́м? А́, Бо́б! Заходи́.

---

[1] An apartment with more than one family living in it.

VISITING FRIENDS

3, Sadovaya Street, Block[1] 1

3, Sadovaya Street, Block 2

Entrance 1
Apartments 1-20
Entrance 2
Apartments 21-40

Entrance 1
Apartments 1-20
Entrance 2
Apartments 21-40

(If you've come to a communal[2] apartment)

Doorbell of the Ivanovs ●
The Petrovs' Doorbell ●

Sergeev — (Ring once)
The Sidorovs — (Ring twice)
The Nikolaevs — (Three rings)

1

— Could you tell me where number 3 is on this street?
— These buildings are all number 3. Which block do you need?
— Let me see. . . Block 5.
— Go a little further, you'll see the number of the block written on that
    building.

2

(If you've come to a communal apartment)

— Hello, can I see Seryozha Garin?
— His door's over there, the third one down the hall. Knock.
— Thank you.
    (knocks)
— Yes, yes. Come in. Who is it? Oh, Bob! C'mon in.

---

[1] In Russian cities, almost everyone lives in an apartment. The apartments at this address, 3 Sadovaya Street are in three separate buildings, each called a корпус, which translates as "block" in this situation. If your friends live at one of these multiple-building addresses, you have to know which *block* they live in and pay attention to the block numbers because each block has apartment 1, apartment 2, etc.

[2] These коммунáльные квартúры are always found in older buildings, and are gradually being phased out. But many still exist in the old central parts of Moscow, Leningrad, Kiev, etc. There's one kitchen for everyone, one bathroom, one toilet--and one front door: hence the multiple doorbells and number of rings here.

3

— Здра́вствуйте, я — Джон.
— О́чень прия́тно. Легко́ на́с нашёл?
— Да́, я́ е́хал та́к, ка́к вы́ сказа́ли.
— Ну входи́. Раздева́йся. Снима́й ку́ртку.

4

— Знако́мься Пи́тер, э́то моя́ жена́ Ле́на, а э́то на́ша до́чка
  Ка́тенька.
— О́чень прия́тно. Я́ не опозда́л?
— Не́т, сейча́с ча́й бу́дем пи́ть.
— Спаси́бо, с удово́льствием.

5

— Кака́я у ва́с больша́я кварти́ра, она́ вся́ ва́ша?
— Да́, но мы́ живём вме́сте с роди́телями.
— А ва́ши роди́тели говоря́т по-англи́йски?
— Не́т. К тому́ же и́х сейча́с не́т до́ма, я тебя́ с ни́ми
  познако́млю в сле́дующий ра́з.

6

— А́, Джо́н, здоро́во. Давно́ ждём.
— Приве́т, с трудо́м нашёл тебя́. Всё дома́ ту́т одина́ковые.
— Я́ же сказа́л тебе́ но́мер ко́рпуса.
— Всё равно́ я́ до́лго иска́л.

7

— Джо́н, хоти́те ча́ю?
— Да́, спаси́бо, хо́чется попи́ть чего́-нибудь горя́чего.
— Сейча́с поста́влю ча́йник. А что́, на у́лице о́чень хо́лодно?
— Да́, дово́льно прохла́дно.

8

— Надо́лго к на́м прие́хали, Али́са?
— Мы́ прие́хали на три́ неде́ли.
— Уже́ бы́ли где́-нибудь?
— Не́т, то́лько в институ́те.

3

— Hello, I'm John.
— I'm glad to meet you. Did you find us easily?
— Yes, I came the way you told me to.
— So come in! Take off your jacket.

4

— Peter, meet my wife Ellen. And this is our daughter Katie.
— I'm glad to meet you. Am I late?
— No, we're about to have tea.
— Thanks, I'd love some.

5

— You sure do have a big apartment. Is it all yours?
— Yes, but we share it with our parents.
— Do your parents speak English?
— No. Besides they're not home right now. I'll introduce you to them next
   time.

6

— Oh, John, hi. We've been expecting you for ages.
— Hi, I had a hard time finding you. The buildings here all look alike.
— But I told you the number of our block.
— It still took me a long time to find it.

7

— John, do you want some tea?
— Yes, thanks, I'd love something hot to drink.
— I'll put the kettle on right now. Is it very cold outside?
— Yes, it's quite chilly.

8

— Are you going to be staying long, Alice?
— We'll be here three weeks.
— Have you been anywhere so far?
— No, nowhere but the Institute.

9

— Какая у вас красивая квартира!
— Спасибо, вам правда нравится?
— Да, очень! Сколько у вас книг!
— Да мы очень любим книги.

10

— Бери пирог, не стесняйся.
— Спасибо, очень вкусно. Кто его делал?
— Это Лёночка спекла, специально для тебя.
— Замечательный пирог.

11

— Хотите ещё чаю?
— Нет, спасибо, больше не хочу.
— Ну выпейте ещё чашечку, с вареньем, это домашнее.
  Катюша сама варила в прошлом году.
— Ну, хорошо, выпью ещё.

12

— Чья это картина на стене?
— Это наш друг рисовал.
— А кто на этой фотографии?
— Это Мандельштам.[1]

13

— Раздевайтесь. Как дела?
— Всё хорошо, спасибо. Очень много занимаемся. А вы как?
— Да как обычно, ничего нового. Пообедаете с нами?
— Нет, спасибо, сегодня я никак не могу. Может быть в
  другой раз.

14

— Давно приехал? Почему сразу не позвонил?
— Некогда было. Сразу столько нового.
— Да, понимаю. Сейчас я тебя буду кормить. Хочешь есть?
— Спасибо, не откажусь.

---

[1] Osip Mandelstam, a renowned Russian poet, who lived from 1891 to 1938.

9

— What a beautiful apartment you have!
— Thank you, do you really like it?
— Yes, very much. What a lot of books you have!
— Yes, we're very fond of books.

10

— Have some pie, don't be shy.
— Thank you, it's really good. Who made it?
— Lenochka baked it especially for you.
— It's fantastic pie.

11

— Do you want some more tea?
— No, thanks, I'm fine.
— Oh have one more cup, with jam, it's homemade. Katyusha made it herself,
    last year.
— Well, I will have some more then.

12

— Whose picture is that on the wall?
— Our friend drew that.
— And who's this in the photograph?
— This is Mandelstam.

13

— Take your coat off. How are things going?
— Everything's fine, thanks. We're very busy. And how are you?
— The usual, nothing new. How about staying for dinner?
— Thanks, but today I really can't. Maybe another time.

14

— Have you been here long? Why didn't you call as soon as you got here ?
— There hasn't been time. So much was going on all at once!
— Sure, I know what you mean. I'll give you something to eat. Are you
    hungry?
— Thanks, I won't refuse.

immediately so much new

15

— К сожале́нию, мне́ пора́ уходи́ть. За́втра ра́но встава́ть.
— О́чень жа́лко. Когда́ придёшь в сле́дующий ра́з?
— Мо́жет бы́ть в суббо́ту? Ва́м удо́бно?
— Прекра́сно, приходи́ пря́мо к обе́ду, часо́в в се́мь.

16

— Ну́, вы́пьем за на́шу встре́чу!
— Како́е хоро́шее вино́!
— Да́, тепе́рь в магази́не ре́дко тако́е ку́пишь. Ну, накла́дывай
  себе́ сала́т, бу́дь, ка́к до́ма.
— Спаси́бо, всё о́чень вку́сно.

15

— Unfortunately, it's time for me to go. I have to get up early
  tomorrow.
— What a shame. So when are we going to see you again?
— How about Saturday? Is that good for you?
— It's fine. Come right at dinner time, around seven.

16

— Well, we're together again. Let's drink to that.
— This is really good wine.
— Right. You don't find wine like this in the stores any more. Well,
  help yourself to the salad, make yourself right at home.
— Thanks, everything's very good.

НА РЫНКЕ

1

— Бабушка, почём пучок укропа?
— Вся зелень — по сорок копеек пучок. А редиска по пятьдесят.
— Я возьму пучок укропа и пучок сельдерея, ну и ещё петрушки.
— Выбирай, милый, ешь на здоровье.

2

— А сколько ваши яблоки стоят?
— По два рубля за килограмм.
— А какие самые вкусные?
— Да кто что любит. Антоновка — кислые, а белый налив — сладкие.
— Взвесьте мне по три яблока тех и других.

3

— Почём молодая картошка?
— По два пятьдесят.
— А морковь?
— По полтора рубля.
— А чего так дорого?
— А ты в магазине купи гнилой, дешевле будет.
— Ну ладно, дайте мне килограмм картошки и полкило моркови.

4

— Хозяйка, сколько за ягоды просите?
— Чёрная смородина по рублю, а красная по пятьдесят копеек.
— Килограмм?
— Ещё чего захотел — стакан.
— Стакан чёрной смородины — рубль! Ну и ну!

5

— Какая у вас клубника красивая! Дорого?
— А сколько возьмёшь?
— Да грамм триста-четыреста.
— По три пятьдесят кило. Если возьмёшь два кило, по три отдам.

AT THE MARKET

1

— Granny, the dill, how much is it a bunch?
— All the herbs are 40 kopecks a bunch. And the radishes are 50.
— I'll take a bunch of dill and a bunch of celery, and also some parsley.
— Pick out whatever you like, dear, and enjoy it.

2

— How much are these apples?
— Two rubles a kilogram.
— Which ones are better?
— Some folks like the Antonovkas, they're tart, and others like the white nectars, they're sweet.
— Weigh me up three of each.

3

— How much are the new potatoes?
— Two fifty.
— And the carrots?
— A ruble and a half.
— Why so expensive?
— Buy 'em spoiled in the store, that'll be cheaper.
— Well, all right, give me a kilogram of potatoes and half a kilo of carrots.

4

— Lady, how much are you asking for the berries?
— The black currents go for a ruble, and the red for fifty kopecks.
— A kilo?
— You must be kidding! — a glass.
— A glass of black currents — a ruble! Wow!

5

— These strawberries are awfully nice! Are they expensive?
— How many are you going to get?
— Oh, three or four hundred grams.
— Then they're three fifty a kilo. Three if you take two kilos.

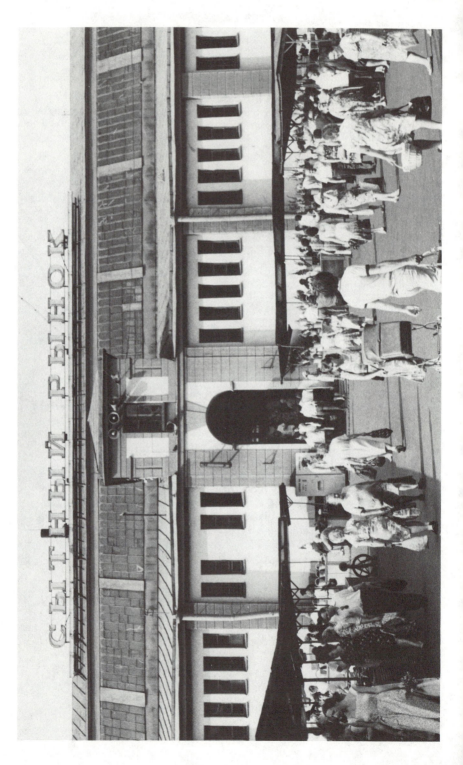

6

— Эй, красавица, купи винограду, хороший виноград, сладкий.
— А сколько стоит?
— Такой красивой девушке дёшево продам, по четыре рубля.
— Ого!!
— Чего мимо проходишь, купи хоть груши!

7

— Сколько стоит стакан черники?
— Два рубля, сынок.
— Вместе со стаканом?
— Нет, я тебе кулёчек дам. Возьмёшь?
— Да нет, очень дорого.
— А ты пойди в лес и сам собери.

8

— Можно попробовать ваши солёные огурцы?
— Это не солёные, а малосольные, пробуй.
— Ой, какие вкусные, дайте полкило.
— Да уж бери килограмм, дёшево отдаю.

9

— Можно я выберу три больших помидора и три свежих огурца?
— Выбирай, доченька, клади на весы.
— Сколько с меня?
— Четыре восемьдесят.
— Ой, у меня только четыре рубля.
— Ну ладно, давай четыре.

10

— Не уступите мне малину подешевле, я два стакана куплю?
— Куда же дешевле! И так только по рубль пятьдесят.
— А я три стакана куплю.
— Ну ладно, давай по рублю за стакан.

6

— Hey, beautiful, buy some grapes, they're good grapes, sweet.
— How much are they?
— To such a beautiful girl I'll sell them cheap, for four rubles.
— Wow!
— Don't go away, at least buy the pears!

7

— How much does a glass of bilberries cost?
— Two rubles, my boy.
— Including the glass?
— No, I'll give you a paper cone. Do you want them?
— No, they're very expensive.
— So go to the woods and pick them yourself.

8

— Can I try your dill pickles?
— They're just lightly seasoned, try them.
— Oh, what delicious pickles, give me half a kilo.
— Why not take a kilogram, I'm giving you a bargain.

9

— Do you care if I pick out three big tomatoes and three fresh cucumbers?
— Take your pick, sweetheart, put them on the scale.
— How much do I owe?
— Four eighty.
— Oh, I have only four rubles.
— Well, all right, make it four then.

10

— Would you let me have the raspberries for a little less, if I buy two cups?
— How could they be cheaper! As it is they're only a ruble fifty.
— But I'll buy three cups.
— Well, okay, then make it a ruble a cup.

11

— Хозя́ин, почём арбу́зы?
— Без вы́реза возьмёшь, деше́вле отда́м. На вы́рез доро́же
   бу́дет.
— А что́ зна́чит на вы́рез?
— А во́т вы́режу тебе́ кусо́к арбу́за, ты́ и посмо́тришь, како́й
   о́н внутри́ — спе́лый и́ли не́т. А без вы́реза, зна́чит, ка́к
   повезёт.
— Я́, пожа́луй, на вы́рез возьму́.

12

— Ско́лько сто́ят гвозди́ки и пио́ны?
— Гвозди́ки по ру́бль пятьдеся́т шту́ка, а пио́ны по три́ рубля́.
— А во́т э́тот буке́т?
— Буке́т за два́ рубля́ бери́.
— А за ру́бль пятьдеся́т не отдади́те?
— У́, молодо́й, а жа́дный. Бо́г с тобо́й, бери́ за ру́бль пятьдеся́т.

11

— Hey boss, how much are the watermelons?
— If you take it as is, I'll sell it cheaper. If I cut it, it'll cost you more.
— What do you mean, cut it?
— I cut into the melon, and you can see how ripe it is inside and decide whether you want it. 'As is' means you get what you take.
— How about cutting it please.

12

— How much are the carnations and peonies?
— The carnations are a ruble fifty a piece, and the peonies three rubles each.
— How about this bunch?
— You can have that bunch for two rubles.
— You wouldn't let me have it for a ruble fifty, would you?
— My, he's young but he's stingy. Go ahead then, take it for a ruble fifty.

У КÁССЫ КИНОТЕÁТРА

Кáссы открывáются за чáс до начáла пéрвого сеáнса

*За 15 минýт до начáла сеáнса билéты продаю́тся тóлько
    на текýщий сеáнс*

*Большóй зáл: «Москвá слезáм не вéрит»
Начáло сеáнсов:* 10^{00} 15^{30} 18^{00} 20^{10} 22^{00}

*Мáлый зáл: «Сибириáда»
Начáло сеáнсов:* 16^{00} 18^{00} 20^{00} 22^{00}

*Билéтные кáссы
на дневны́е сеáнсы:*
10^{00} 12^{00} 14^{00}

*Билéтные кáссы
на вечéрние сеáнсы:*
16^{00} 18^{00} 20^{15} 22^{00}

На сегóдня всé билéты прóданы

На сеáнс 20.00 всé билéты прóданы

Предвари́тельная продáжа билéтов в кáссе № 2

Продáжа билéтов на зáвтра

Вхóд с морóженым в зри́тельный зáл запрещён

*Пóсле трéтьего звонкá входи́ть в зри́тельный зáл не
    разрешáется*

1

— Мнé, пожáлуйста, двá билéта на шéсть часóв.
— Поближе или подáльше?
— Поближе, пожáлуйста.
— Даю́ четвёртый ря́д.

2

— Оди́н на шéсть. Середи́нку, пожáлуйста.
— Середи́ны нéт, éсть тóлько шестóй ря́д, с лéвого крáю,
    бýдете брáть?
— Хорошó, давáйте шестóй.
— Дéвушка, сдáчу возьми́те.

AT THE MOVIES

The box office opens one hour before the beginning of the first showing

Fifteen minutes prior to showtime tickets are sold only for the current showing

Main cinema: "Moscow Doesn't Believe in Tears"
Shows at 10, 3:30, 6:00, 8:10, 10

Small cinema: "The Siberia Saga"
Shows at 4, 6, 8, 10

Ticket Office
for Matinees:
10, 12, 2,

Ticket Office
for Evening Shows:
4, 6, 8:15, 10

Tickets for today sold out

Tickets for the 8 o'clock showing sold out

Advance ticket sales at window No. 2

Ticket sales for tomorrow's showings

Ice cream is not allowed to be taken into the auditorium

Entry to the auditorium is not permitted after the third bell

1

— I'd like two tickets for 6 o'clock, please.
— Front or back?
— Towards the front, please.
— I'll put you in the fourth row.

2

— One for six o'clock. Middle, please.
— There's nothing in the middle. The sixth row on the left is all I have, will you
  take that?
— Fine, I'll take the sixth row.
— Don't forget your change, young woman.

3

— Три билета на три часа.
— В большой зал или в малый?
— А где идёт «Сибириада»?
— В малом, написано же.

4

— Дайте, пожалуйста два билета на последний сеанс.
— В партёр остались только боковые места, хотите на балкон?
— А какой ряд? Я бы хотел сидеть в первом ряду.
— Как раз есть два билета в первый ряд.

5

— Можно один билет на девять тридцать?
— Первый ряд.
— А подальше нет?
— Есть ещё последний.
— Дайте последний. Лучше с краю.

6

— На шесть часов, ряд двенадцатый, можно?
— Двенадцатого нет, есть двадцать пятый.
— А на балкон есть что-нибудь?
— На балкон есть второй ряд.

7

— Можно заказать два билета на пятницу?
— Что-то я вас не пойму. Что вы хотели?
— Заказать два билета на пятницу.
— У нас тут кинотеатр, девушка, а не бюро заказов.
  Предварительная продажа только на завтра. Приходите в
  четверг.

3

— Three tickets for three o'clock.
— Big hall or small?
— Where is the "Siberia Saga" showing?
— In the small cinema, like it says.

4

— Two tickets for the last showing, please.
— Side seats are all we have left in the orchestra. How about the balcony?
— What row? I'd like to sit in the front row.
— We have just what you want,—two tickets for the first row.

5

— Can I have one ticket for the 9.30?
— Front row.
— Isn't there anything further back?
— There's the last row.
— Give me the last row. Preferably off to the side.

6

— For the six o'clock, row 12, do you have anything?
— Not in the 12th row. I have row 25.
— Is there anything in the balcony?
— I have second row balcony.

7

— Can I order two tickets for Friday?
— I don't understand. What did you want?
— I want to order two tickets for Friday.
— This is a cinema, Miss, not a booking office. Advance sales are only for tomorrow. Come on Thursday.

ТЕАТРА́ЛЬНАЯ КА́ССА

Откры́то с 11 до 6
Обе́денный переры́в с 2 до 3

8

— У ва́с е́сть каки́е-нибудь биле́ты в «Большо́й теа́тр»?
— Е́сть на о́перу «Ива́н Суса́нин» на четве́рг.
— А на како́й-нибудь бале́т е́сть?
— На бале́т ничего́ не́т.

9

— Е́сть биле́ты на како́й-нибудь спекта́кль в «Совреме́нник»?
— На когда́ вы́ хоти́те?
— Ну на за́втра йли послеза́втра.
— Ну что́ вы́, в «Совреме́нник» на́до покупа́ть биле́ты за ме́сяц
    вперёд.

10

— Мо́жно у ва́с купи́ть биле́ты в «Ма́лый теа́тр»?
— На что́ вы́ хоти́те?
— Я́ хоте́л бы на бале́т «Щелку́нчик»
— У меня́ не́т. Подъезжа́йте в теа́тр к нача́лу спекта́кля,
    мо́жет ку́пите с ру́к.

11

— Что́ зна́чит входно́й биле́т? Э́то са́мый дешёвый?
— Входно́й зна́чит ме́сто не гаранти́ровано. Стоя́ть бу́дете.
— Да́йте мне́ са́мый дешёвый, како́й е́сть.
— Даю́ входно́й на балко́н. Устра́ивает?

12

— Е́сть что́-нибудь на двадца́тое в Филармо́нию?
— На у́тро йли на ве́чер?
— На ве́чер.
— Е́сть два́ входны́х на хо́ры.

THEATRE BOX OFFICE

Hours: *11 to 6*

Closed for Lunch: *from 2 to 3*

8

— Do you have any tickets to the Bolshoi Theatre?
— There are tickets for the opera Ivan Susanin for Thursday.
— Are there any ballet tickets?
— Nothing for the ballet.

9

— Are there tickets for any performance at the Contemporary?
— For when?
— How about tomorrow, or the day after.
— What are you talking about, you have to buy tickets to the Contemporary a
   month in advance.

10

— Do you sell tickets to the Maly Theatre?
— What is it you want tickets for?
— I'd like some for the ballet "Nutcracker".
— I don't have any. Go to the theatre just before the beginning of the
   performance, maybe you'll find someone trying to get rid of some tickets.

11

— What does "entrance ticket" mean? Is it the cheapest?
— "Entrance ticket" means a seat isn't guaranteed. You'll have to stand.
— Give me the cheapest thing you have.
— I'm giving you an "entrance" to the balcony. Will that be all right?

12

— Do you have anything for the Philharmonic on the 20th?
— Matinee or evening?
— Evening.
— I have two general admissions to the gallery.

13

— Есть билеты в «Теа́тр на Тага́нке»[1]?
— Нет. Ещё в про́шлом ме́сяце разошли́сь.
— А в Цирк? На ве́чер и́ли на у́тро.
— В цирк есть на у́тро оди́н биле́т на пятна́дцатое ию́ля.

14

— В каки́е теа́тры есть биле́ты на сего́дня?
— В Теа́тр Музыка́льной коме́дии.
— А в «Пу́шкинский» ничего́ нет?
— Коне́чно нет. Поезжа́йте в теа́тр, у них быва́ет остаю́тся биле́ты из бро́ни. Мо́жет вам повезёт.

---

[1] A leading experimental theatre in Moscow, located on Taganka Square.

13

— Are there any tickets to the Taganka Theatre?
— No. They were sold out last month.
— How about the circus? Evening or matinee.
— For the circus there's one matinee ticket for the 15th of July.

14

— Which theatres are there tickets for for today?
— For the Musical Comedy Theatre.
— Isn't there anything for the Pushkin?
— Of course not. Go to the theatre, sometimes they have reserve tickets left
   over. Maybe you'll be in luck.

ПАРИКМА́ХЕРСКАЯ

Же́нский зал   *Мужско́й зал*

1

— Кто́ после́дний стри́чься?
— Я после́дняя.
— Я бу́ду за ва́ми.
— Хорошо́, тогда́ я пока́ уйду́.

2

— Вы́ на стри́жку после́дний?
— Здесь по за́писи.
— А где запи́сываться?
— У касси́ра.

3

— Запиши́те меня́ на за́втра, подстри́чься.
— К како́му ма́стеру?
— Мне́ всё равно́.
— На два́ часа́, мо́жете?
— Лу́чше бы попо́зже. По́сле трёх.

4

— Мо́жно подстри́чься?
— В поря́дке о́череди. Узна́йте, кто́ после́дний.
— Кто́ ту́т после́дний? Вы́? А перед ва́ми мно́го наро́ду?
— Челове́к пя́ть.

5

— Вы́ стри́чься?
— Не́т я на зави́вку.
— А кто́ после́дний на стри́жку?
— Здесь одна́ о́чередь, о́бщая.

6

— Подстриги́те меня́, пожа́луйста.
— Ка́к бу́дем стри́чься?
— Спе́реди покоро́че, а сза́ди подлинне́е.
— Сади́тесь.

HAIRSTYLING   **BARBER SHOP**

Women's Salon   *Men's Salon*

1

— Who's last in line for a haircut?
— I am.
— I'll be after you.
— Fine, then I'm going to leave for a while.

2

— Are you last in line for a haircut?
— You go by list here.
— Where do I sign up?
— With the cashier.

3

— Put me down for tomorrow, for a haircut.
— For which barber?
— It doesn't matter.
— Can you make it at two?
— Later would be better. After three.

4

— Can I get a haircut?
— You have to get in line. Find out who's last.
— Who's last here? You? Are there many people ahead of you?
— Five or six.

5

— Are you here for a haircut?
— No, I'm here for a curling.
— Who's last in line for a haircut?
— There's just one line for everyone.

6

— Give me a haircut, please.
— How do you want it?
— Shorter in front, but leave it longer in back.
— Have a seat.

7

— Ка́к хоти́те подстри́чься?
— На уша́х оста́вьте, чтобы до полови́ны бы́ло закры́то.
— А чёлку?
— Чёлку то́лько подравня́йте.

8

— Подравня́йте меня́, пожа́луйста.
— Висо́чки оста́вить?
— Не́т, мо́жно покоро́че.
— Побри́ться не жела́ете?
— Не́т, я до́ма бре́юсь.

9

— Ка́к ва́с подстри́чь?
— Спе́реди и с боко́в немно́го, а сза́ди покоро́че.
— Та́к хва́тит?
— Спаси́бо, о́чень хорошо́.

10

— Я хочу́ о́чень ко́ротко.
— Бри́твой и́ли но́жницами?
— Я не зна́ю. А ка́к сейча́с мо́дно?
— Сейча́с бо́льше но́жницами стригу́т, но кому́ что́ нра́вится.

11

— Каку́ю стри́жку хоти́те, суху́ю и́ли мо́крую?
— А что́ зна́чит мо́крую?
— Снача́ла помы́ть го́лову, а пото́м стри́чься.
— Тогда́ мо́крую. А пото́м посуши́те фе́ном.

12

— Спаси́бо, о́чень хорошо́, куда́ плати́ть?
— Во́т с э́тим листо́м пойдёте в ка́ссу, а пото́м принеси́те ли́ст
   обра́тно мне́.
— А ско́лько сто́ит стри́жка?
— Во́т ту́т на листе́ напи́сано, ру́бль со́рок.

7

— How would you like it cut?
— Halfway over the ears.
— And the wave in front?
— Just even it out.

8

— Give me a trim, please.
— Leave the sideburns?
— No, you can shorten them.
— Would you like a shave?
— No, I always shave at home.

9

— How would you like it?
— Take off a little in front and on the sides, and make it short in the back.
— Is that short enough?
— Thanks, that's just right.

10

— I'd like it very short.
— Razor or scissors cut?
— I don't know. What's fashionable these days?
— Nowadays more people have it done with scissors, but however you like it is fine.

11

— Do you want your hair cut dry or wet?
— What's a wet cut?
— First we give you a shampoo, then we cut it.
— Then let me have the wet cut. Use the drier on it afterwards.

12

— Thanks, that's very good.   Where do I pay?
— You go to the cashier with this receipt, and then bring the receipt back to me.
— How much is this haircut?
— It's written here on the receipt, a ruble forty.